Ursula Windisch
Mentale Kräfte aktivieren

Ursula Windisch

Mentale Kräfte
aktivieren

Eine Entdeckungsreise
zur schöpferischen Kraft

Bibliografische Information Der Deutschen Bibliothek
Die Deutsche Bibliothek verzeichnet diese Publikation in der
Deutschen Nationalbibliografie; detaillierte bibliografische
Daten sind im Internet über <http://dnb.ddb.de> abrufbar.

Text und Gestaltung: Ursula Windisch
Umschlaggestaltung: Goebel und Hütter, Schw. Gmünd

Herstellung: Books on Demand GmbH, Norderstedt
Printed in Germany

ISBN 3-8311-2894-4

Inhalt

*Man kann einen Menschen
nichts lehren,
man kann ihm nur helfen,
es in sich selbst zu entdecken.*

Galilei

Einführung

Durch den Bogen-Schießsport kam ich mit mentalen Methoden und Entspannungstechniken in Berührung. Sie faszinierten mich und stellten meine bisherigen Auffassungen von Wirklichkeit auf den Kopf. Ich hatte vorher neun Jahre lang in der genetischen Grundlagenforschung eines Max-Planck-Institutes gearbeitet, dann einen Arzt geheiratet, und war in dieser Zeit ganz dem üblichen wissenschaftlichen Denken von Beweisbarkeit und Wiederholbarkeit verhaftet. Im folgenden Erlebnisbericht der Jahre 1970 bis 1984 versuche ich deutlich zu machen, wie ich entdeckte, dass ich meine Wirklichkeit selbst beeinflussen kann, wie es mir gelang, nicht nur im Leistungssport erfolgreicher zu werden, sondern auch alle anderen Aktivitäten des täglichen Lebens konstruktiv zu gestalten und dadurch Zeit und Kraft zu sparen. Daran möchte ich Sie Teil haben lassen. Ich erlaube mir, Sie im Folgenden mit „du" anzusprechen, weil ich damit den kindlichen Teil in dir anrühre, der alles das, was ich zu berichten habe, im tiefsten Inneren schon weiß.

Dass ich ausgerechnet auf das Schießen verfiel, hat mit einer alten Knieverletzung zu tun. Ich konnte weder Tennis spielen noch Leichtathletik betreiben, und Golf gab es damals nur in großen Städten. Mein Partner interessierte sich für Waffen und Schießen. Nach mehr gemeinsamen Aktivitäten für die Familie suchend, fühlte ich mich zum ruhigen Bogen-Schießen hingezogen. Die leichte Bewegung an der frischen Luft tat mir gut. Wir schossen fast lautlos unter freiem Himmel. Meine Söhne genossen den Freiraum des riesigen, umzäunten Schießplatzes ebenso, wie die des angrenzenden Waldgebietes, sie bauten Baumhäuser und brutzelten an der Feuerstelle, sie waren gut aufgehoben. Auch wenn Schießen dir etwas fremd und martialisch erscheinen mag, solltest du meinen Erfahrungsbericht wenigstens überfliegen, da die darin gezogenen Schlüsse wichtig sind, um die weiteren Buchteile nachvollziehen zu können. Mein Erlebnisbericht umfasst einen Zeitraum, der lange zurückliegt, doch beschreibe ich in den darauf folgenden Kapiteln aus heutiger Sicht, wie wir funktionieren, welche Mechanismen unserem Handeln zugrunde liegen und wie wir sie so steuern können, dass wir damit erfolgreicher werden, ein erfolgreicher Sportler, eine erfolgreiche Mutter oder Vater, ein erfolgreicher Chef oder Mitarbeiter, ein erfolgreicher Mitmensch. Die beschriebenen Situationen zeigen auf, wie dich dein Denken, deine inneren Bilder und Gefühle beeinflussen, und wie du sie selbst steuern kannst, um dein Leben effektiver zu gestalten.

In meinem Erfahrungsbericht zeige ich Grundlagen auf, wie wir sportliche, berufliche und private Ziele mit Hilfe von Vorstellungen und Affirmationen erreichen können. In Teil II findest du noch mehr Sport - ich erweitere darin die Vorstellungen bis hin zu „spinnerten" Ideen. Der Mittelteil erläutert zu breiterem Verständnis weitere Grundlagen zum Thema des Buches. Ich mache deutlich, was wir bisher übersehen haben, wofür wir die mentalen Kräfte bisher verwenden. Erst wenn wir das wissen, können wir sie aktivieren und ökonomischer einsetzen. Im Anschluss führe ich Beispiele meiner Klient/ Innen an. Sie zeigen Möglichkeiten auf, wie man mit diesen mentalen Methoden Probleme anders lösen kann als bisher.

Im Teil III führe ich die einzelnen, leicht nachvollziehbaren Schritte auf, mit denen Wünsche erfüllt werden. Du kannst damit herausfinden, was für dich funktioniert, und was du beachten solltest, um dir ganz bewusst deine ideale Wirklichkeit zu erschaffen. In diesem und im vierten Teil des Buches beschreibe ich, dass ich erst Anfang der 90er Jahre zum wirklichen Verständnis der mentalen Kraft gekommen bin. Ich konnte sie in einen universellen Kontext einordnen.

Es wird auch deutlich, dass Menschen schon immer um diese schöpferischen Kräfte und ihre Wirkung wussten, ich belege das mit Beispielen aus Symbolik und Kunst.

Ich schreibe dieses Buch aus meinem Erleben und möchte viele Menschen teilhaben lassen an den unglaublichen Möglichkeiten, die sich auftun, wenn wir in Kontakt mit unserer eigenen schöpferischen Kraft kommen. Ich möchte zum einen aufzeigen, welchen Anteil das Innere schon immer an der Gestaltung der Wirklichkeit hatte, und zum anderen, dass jedes Handeln leichter zu bewerkstelligen ist, wenn man weiß, w i e man sich selbst steuert. Deshalb ist das Buch nicht an eine bestimmte Zielgruppe gebunden. Es ist für alle Menschen, die etwas mehr wissen wollen, für alle, die ihr Leben ganz bewusst selbst in die Hand nehmen wollen.

Jeder greift aus dem Buch für sich das heraus, was er gerade umsetzen kann. Liest er es in einigem Abstand ein zweites oder gar ein drittes Mal, werden andere Aspekte auftauchen, die dann genutzt werden können. Es sind eine Reihe Bücher mit ähnlichem Inhalt auf dem Markt, daher habe ich lange gezögert, ob denn überhaupt noch ein weiteres Buch notwendig ist. Inzwischen wird ganz locker »beim Universum bestellt« wie bei einem Versandhaus (Bärbel Mohr), dies lässt mich hoffnungsvoll in die Zukunft blicken. Ich mache die Gestaltungskräfte über den Sport nachvollziehbar und möchte Grundlagen legen zum Verständnis der inneren Abläufe, der Funktion von Körper, Geist und Seele, Grundlagen auch dahingehend, wie wir uns in allen Lebensbereichen unsere Wirklichkeit selbst konstruktiv erschaffen können.

Mit dem bewussten Gestalten und Erschaffen von Wirklichkeit geht ein Umdenken einher, das sich in den kommenden Jahrzehnten auch gesellschaftlich auswirken wird. Joseph Beuys hat sich eingehend damit befasst. Er sieht, so wie ich ihn verstanden habe, dieses Gestalten aus dem Inneren als den »**erweiterten Kunstbegriff**«.

Die Vorstellungskraft ist wichtiger als alles Wissen.

Albert Einstein

Teil I

Mentales Training im Leistungsport und zur Gestaltung des eigenen Lebens

Erfahrungsbericht

Recht spät - erst im Alter von 35 Jahren - begann ich mit dem Bogen-Schießen und geriet schon nach einer relativ kurzen Zeit völlig unbeabsichtigt in den Hochleistungssport. Wir wurden zu dritt als Mannschaft ganz überraschend Deutscher Vizemeister.

Bei mir als Neuling im Sport löste diese ungewohnt hohe Leistungsklasse einen immensen Stress aus. Mit jeder Auszeichnung, zu denen wir im darauf folgenden Winter eingeladen wurden, wuchs der Erfolgsdruck. Auf der Ehrung des Deutschen Schützenverbandes, auf Landes-, Bezirks- und Kreisehrungen wurde immer wieder betont, dass wir ja noch besser werden könnten mit urseren Ergebnissen, dass wir uns nur darum bemühen müssten. Es klangen aber auch Sätze an, die unsere Platzierung eher als Ausrutscher bezeichneten, besonders auf den höheren Ebenen. Mich stachelte das an. Natürlich wollten wir nicht als Eintagsfliege dastehen, sondern dieses gute Ergebnis wiederholen, es im darauffolgenden Jahr vielleicht sogar noch verbessern, um weiterhin vorn mit dabei zu sein. Bogen-Schießen war 1972 neue olympische Disziplin geworden und rückte damit ins Blickfeld der Medien. Sehr ausführlich berichteten Fernsehen und Zeitungen über die Meisterschaften und eine breitere Öffentlichkeit begann sich für diesen ästhetischen Sport zu interessieren. Es wurde im Schützenverband eine National-Auswahl gebildet, denn wir hatten gegenüber der Weltspitze aufzuholen. Eine unserer Mannschafts-Kameradinnen brachte von dort die Anregung mit, autogenes Training (AT) zu erlernen, um mit dem Wettkampfstress besser fertig zu werden.

Jede Hilfe hätte ich angenommen, die meine Leistung verbessern konnte. Ich war offen und bereit, denn es war sehr ärgerlich, durch den Stress regelmäßig Ringe zu verlieren. Immer zu Beginn eines Wettkampfes zitterte ich innerlich vor Aufregung, hatte eiskalte Hände und häufig sogar Magendrücken. Oft waren meine Schultern und Armmuskeln so sehr verspannt, dass ich die Pfeile nicht sauber loslassen konnte, was die Schüsse verriss. Das legte sich zwar nach mehreren Serien, was für mich deutlich machte, dass alles nur psychischen Ursprungs ist. Die schlechten Ergebnisse ließen sich jedoch nicht mehr gutmachen. Noch im gleichen Herbst wurde in der Volkshochschule ein Kurs für »autogenes Training nach Schultz« angeboten und ich lernte dort zunächst, beide Arme warm werden zu lassen. Der Trainer suggerierte uns mehrfach: „ ... und Ihr rechter Arm ist warm und schwer!"

○

Bei mir wollte sich anfänglich keine Wärme einstellen, daher griff ich zu einem Hilfsmittel und stellte mir vor, ich stehe unter einer Dusche und lasse warmes Wasser über den Arm laufen.

Jetzt reagierte der Arm sofort, er wurde warm und kribbelte sogar, als sei er vorher eingeschlafen gewesen. Ich war überrascht und schloss daraus:

☞

Die Suggestionen - und ganz besonders meine Vorstellungen - haben einen Einfluss auf meinen Körper. Gedanken, Worte und Bilder sind offenbar Kräfte, die etwas bewirken.

Als Nächstes lernten wir auch den anderen Arm zu entspannen. Nach einigen Übungen konnte ich meine Hände relativ rasch warm denken, was mich freute. Dieser Anfangserfolg machte mich neugierig, denn in der Medizin war man damals noch der Ansicht, dass es unmöglich sei, den Körper mit Gedanken und Vorstellungen zu beeinflussen. Mich interessierte es, mehr darüber herauszufinden und machte engagiert täglich meine Übungen. Zunächst lernte ich, nicht ungeduldig mit mir zu werden, weil meine Gedanken ständig abschweifen, sondern sie immer wieder ganz ruhig zurückzubringen zum Körper mit seiner Schwere - heute denke ich ihn mir eher leicht - und dem Strömen, das ich vorerst nur manchmal wahrnahm. Ich bemerkte große Unterschiede von Tag zu Tag, denn gerade dann, wenn ich die Entspannung gebraucht hätte, an Tagen, an denen ich nervös und abgespannt war, dauerte es wesentlich länger, bis sich diese angenehme Entspannung einstellte. Ich lernte dabei meine Muskeln kennen, denn jede kleinste unbewusste Anspannung oder Verspannung in den Schulter- und Nackenmuskeln wirkte sich auf die Blutzufuhr in die Arme aus. So konnte ich die einzelnen Muskeln orten und sie gezielt entspannen, indem ich ihnen immer wieder vorsagte, dass sie entspannt seien und ließ sie ganz bewusst los.

Im weiteren Verlauf des Kurses nahmen wir auch zu den Beinen gedanklich Kontakt auf, was für mich zu Anfang schwieriger schien, als zu den Armen. Bei den ruhigen Suggestionen des Kursleiters gelang es mir besser, als allein zu Hause. Für mehrere Tage fühlte ich mich in die Beine ein und konnte sie immer leichter wahrnehmen, auch sie waren bald warm und schwer. Noch komplizierter war für mich die Mitte des Körpers. Wir sollten unsere Aufmerksamkeit auf das Sonnengeflecht hinter dem Magen richten. Die Suggestion des Kursleiters lautete: „Strömend warm." Ich konnte mir dort kein herunterströmendes Wasser vorstellen und fand es schwierig, meine Gedanken in die Magengegend zu senden. Wie sehr ich mich auch bemühte sie dort festzumachen, es gelang mir einfach nicht. Wie Flöhe in einem Kasten sprangen sie von einem Thema zum anderen. Ich ließ mich leicht ablenken, hörte den einen Nachbarn husten, den anderen schnaufen, einer schnarchte sogar und jedes Mal musste ich mich von Neuem konzentrieren und meine Gedanken wieder zu meiner Körpermitte zurückbringen. Ich bemerkte, dass mir das besser gelang, wenn ich mir eine Bewegung vorstellen konnte. Das strömende Wasser half mir, meine Aufmerksamkeit zu fesseln. Beim Magen gelang es mir nicht, und so ließ ich es dabei. Andere Fertigkeiten, wie eine darauffolgende Herz- und eine Kopfübung führte ich hingegen mühelos aus. Insgesamt habe ich in diesem Kurs gelernt, meinen gesamten Körper zu entspannen, vor allem Arme und Beine loszulassen, was sich durch das intensive, lebendige Strömen ganz wunderbar anfühlte.

Nach zwölf Wochen war der Kurs zu Ende. Ich wurde nachlässig, übte nicht mehr so regelmäßig und schließlich vergaß ich es ganz. Die Schießsaison forderte meine ganze Kraft und Aufmerksamkeit. Erst im Laufe des nächsten Winters konnte ich das AT wieder intensivieren. Ganz nach dem System, das wir im Kurs erlernt hatten, sprach ich mir die Suggestionen innerlich vor, und bemerkte überrascht, wie schnell mein Körper darauf reagierte. Plötzlich ging alles ganz leicht. Er erinnerte sich offensichtlich an all das, was er schon einmal gekonnt hatte. Fast unmittelbar war das warme Strömen in Armen und Beinen wieder da, die Muskeln dehnten sich, weiteten sich und entspannten sich von Mal zu Mal mehr. Zu Beginn der Sommersaison war ich so weit, dass ich das AT auch bei Wettkämpfen anwenden konnte, indem ich mich vor dem Schießen ruhig hinsetzte und wenigstens Arme und Beine bewusst los ließ. Meine Schultern- und Armmuskeln entspannten sich, ich war nicht mehr ganz so verkrampft und meine Leistungen wurden besser. Auch alle weiteren Übungen wiederholte ich sorgfältig, doch der Magen blieb meine Schwachstelle, er wollte und wollte nicht warm strömen. Anders die Herzübung: Ich versuchte, wie ich es im Kurs gelernt hatte, mein Herz ruhig und gleichmäßig schlagen zu lassen. Es freute sich offensichtlich über die Aufmerksamkeit, die ich ihm zukommen ließ. Es reagierte zunächst keineswegs mit Ruhe, sondern im Gegenteil mit Unruhe. Im Kurs hatte ich das nicht bemerkt. Machte ich etwas falsch? Natürlich beruhigte sich mein Herz auch wieder, wenn ich meine Aufmerksamkeit abzog und mich anderen Bereichen zuwendete. Ich hatte die Idee, es wieder mit einem Bild zu versuchen. Der gleichmäßige Rhythmus ließ mich an eine große Bahnhofsuhr denken, deren Sekundenzeiger ich vor mir sah: Tick, tick, tick, 60 Schläge pro Minute machte sie, ganz ähnlich dem Herzschlag des Menschen. Diese Vorstellung half mir. Mein Herz ließ sich beruhigen. Erfreut wollte ich das auch im Wettkampf ausprobieren, denn der anfängliche Stress ließ auch mein Herz höher schlagen. Ich versuchte Folgendes:

O

Vor dem Schießen machte ich meine üblichen Entspannungsübungen, indem ich Arme und Beine bewusst losließ. Dann stand ich auf, ging in Schießposition, schloss kurz die Augen und konzentrierte mich auf meinen Herzschlag. "Mein Herz schlägt ruhig und gleichmäßig", suggerierte ich mir und sah als Maß die Bahnhofsuhr vor mir. Ich konnte fühlen, wie mein Herz sich mehr und mehr diesem Sekundentakt anglich und ruhiger wurde. Es blieb auch ruhig, als ich die Augen öffnete. Die Nervosität war gebannt und ich schoss jetzt auch in den ersten Serien recht gut.

Als ich darüber nachdachte, wunderte ich mich, denn auch das widersprach den Auffassungen der Medizin. Soweit mir bekannt war lehrte man dort, dass wir auf die unwillkürlichen Funktionen des Körpers keinen Einfluss haben, dass Atem, Herz, Kreislauf und Nerven völlig autonom vom Körper selbst gesteuert würden. Doch hier erlebte ich ganz ohne Zweifel, dass sich mein Herz beruhigen ließ, dass ich also durchaus bewusst Einfluss nehmen kann. Welche Folgen das insgesamt hat, ließ ich zunächst außer Acht, und versuchte voller Neugier auszumachen, wie weit sich das steigern lässt. Ich sah alles vorerst nur unter dem Aspekt, meine Leistung zu verbessern. Sehr bald bemerkte ich aber, dass das noch ganz andere Auswirkungen hatte, denn meine Selbstsicherheit wuchs erheblich. Mir war klar geworden, dass ich, wenn ich mich in diesem Maße selbst beeinflussen konnte, nicht mehr ohnmächtig meinem Körper ausgeliefert war. Ich konnte ihn beeinflussen, ich konnte etwas tun, ich war machtvoll.

Mich reizte es in der Folgezeit sehr herauszufinden, was ich meinem Körper noch alles suggerieren kann, wie weit ich ihn steuern kann und wo die Grenzen sind. Ich hatte neben dem Schießen eine für mich äußerst interessante Thematik entdeckt, die in gewisser Weise auch meine berufliche Seite als Laborantin, Sprechstundenhilfe und Mädchen für alles in der Praxis meines Mannes tangierte. Ich beschloss, dieses Gebiet intensiver zu erforschen. Daher war ich im Frühjahr 1974 hoch motiviert, mein Glaube an meine Fähigkeiten war immens, das Entspannungsprogramm tat sein Übriges, und alle Komponenten zusammen führten dazu, dass ich in beiden Bogenschieß-Disziplinen, der langen Fita und der kurzen nationalen Distanz, Landesmeisterin wurde, was bis dahin noch keine Frau geschafft hatte.

Im darauf folgenden Herbst berief man mich, obwohl ich mit Ende Dreißig eigentlich schon zu alt war, aufgrund dieser Leistung in die Landesauswahl. Das bedeutete, dass ich im Winterhalbjahr bis zum Beginn der Saison alle vier Wochen an einer Wochenendschulung in einer Schießsportschule teilnehmen konnte. Ich freute mich, denn ich war gespannt auf neue Trainingsmethoden und Anregungen vor allem in diesen neuen mentalen Bereichen.

Doch nicht nur darin hatte ich mich getäuscht. Im Landeskader waren mentale Methoden gänzlich unbekannt, und statt einer Leistungssteigerung erlebte ich schon nach wenigen Schulungswochenenden einen Einbruch bei meinen Ergebnissen, den ich mir zunächst nicht erklären konnte.

Wir machten viel Ausgleichssport und wurden mit einem sogenannten Zirkeltraining getestet, einer extremen Meßmethode der allgemeinen Kondition. Soweit ich mich heute noch erinnern kann, sollten in sechs Minuten sechs Positionen absolviert werden, jeweils 30 Sekunden maximale Leistung wie Klappmesser zum Beispiel, dann 30 Sekunden Ruhe, dann wieder 30 Sekunden Belastung usw. Bei der letzten Übung sollte ich auf dem Bauch liegend so oft als möglich einen Medizinball über einen Kasten hinauf an die Wand werfen. Einen der Bälle warf ich so hart, dass er über mich hinwegzufliegen drohte. Ich schnelite mit Kopf und Oberkörper nach hinten und konnte ihn gerade noch auffangen und wieder an die Wand werfen. Meine Punktezahlen waren im Vergleich zu den meist 18 bis 20-jährigen Kameradinnen nicht schlecht, doch wie sich später herausstellte, hatte ich mir bei dieser Übung selbst ein Schleudertrauma der Halswirbelsäule zugezogen. Direkt nach diesem Zirkeltraining hatte ich Schmerzen im linken Oberarm, die in den folgenden Wochen immer stärker wurden, wenn ich den Bogen in die

Hand nahm. Meine Ergebnisse im Schießen waren miserabel. Ich zweifelte wieder an mir selbst, schob meinen Stress und die Verspannungen auf die Erwartungshaltung des Trainers. Ich hatte keine Erklärung für diesen plötzlichen, gravierenden Leistungseinbruch, an die Übung dachte ich nicht. Erst sehr viel später machte mich ein Orthopäde, dem ich davon berichtete, darauf aufmerksam, dass hier durchaus Zusammenhänge bestehen könnten. Zu diesem Zeitpunkt jedoch bemühten sich Ärzte und Physiotherapeuten umsonst. Ich bekam viele Spritzen, ich wurde massiert und im Schlingentisch behandelt. Es wurde alles versucht, um mir zu helfen, doch es besserte sich nicht. Ich war nie ganz schmerzfrei, wenn ich den Bogen in die Hand nahm. Sehr unglücklich über meine Situation verließ ich den Leistungskader. Um diese schwierige Situation zu überbrücken, verlegte ich mich für zwei oder drei Jahre auf eine Spezialdisziplin, Schießen mit drei Waffen - Bogen, Luftpistole und Luftgewehr - und war in der Damenklasse wieder erfolgreich. Doch es wurde immer schlimmer, ich konnte bald den Bogen überhaupt nicht mehr halten, der Arm schmerzte bei jeder Belastung. Ganz aufhören mit Sport wollte ich nicht. Wenn es schon nicht Bogen-Schießen sein konnte - und ich wollte im Schießsport bleiben -, dann blieb mir mit nur einem funktionsfähigen Arm nur die Luftpistolen-Disziplin.

Damit hatte ich zu Anfang große Mühe, denn der Bogensport ist auch durch die weiße Kleidung ein sehr ästhetischer Sport. Zudem wirkten die grünen Wiesen mit den bunten Scheiben auf mich überaus beruhigend. Unser Bogen-Schießplatz war hübsch gelegen, eine riesige Wiese, die leicht zum Waldrand hinauf anstieg. Ich trainierte oft schon mit dem Sonnenaufgang in den frühen Morgenstunden inmitten von Rehen und Hasen, die zum Äsen aus dem Wald heraustraten. Das war eine Idylle, die mich von Herzen freute und Urlaubserinnerungen weckte. Bogen-Schießen selbst ist auch insofern gemütlicher als andere Schießsportarten, da man zwischen den einzelnen Serien zur Scheibe vorgehen muss, um die Pfeile zurückzuholen. Selbst bei großen internationalen Turnieren lernte man sich kennen, freundete sich mitunter an bei diesem gemütlichen Hin und Her. Es herrschte trotz Wettbewerb eine eher familiäre Atmosphäre, die ich auch bei den Dreiwaffen-Turnieren noch vorfand. Beim Pistolen-Schießen jedoch waren die Stände dunkel, und ich stand sozusagen abgekapselt auf meinem Platz wie auf einer Insel. Statt schick im weißen Röckchen, sah ich fertig angezogen ein wenig wie ein Monster aus: Auf dem Kopf trug ich eine Kappe mit riesigem Schirm, an dem zu beiden Seiten Lappen herunterhingen, die die Sicht nach den Seiten

verhinderten. Für die Ohren bekam ich einen Schallschutz, in der Art wie sie Bauarbeiter tragen, um die Außengeräusche abzumildern, für die Augen eine Schießbrille. Sie hatte auf dem Zielauge einen Diopter eingebaut, mit dem man nur das Korn auf der Pistole deutlich sehen konnte, die Zielscheibe dahinter und das gesamte Umfeld blieb verschwommen, das andere Auge war abgedeckt. Von meinem Kopf war fast nichts mehr zu sehen, ich kam mir vor wie weggesperrt. Das war keineswegs gemütlich, und in Kontakt mit anderen kam ich so auch nicht. Ein Trost war, dass mehrere Damen im Team dabei waren, und ich wieder in einer Mannschaft schießen konnte. Wir waren in kurzer Zeit erneut auf Erfolgskurs und wurden Landesmeister.

Während all der schmerzhaften Umstände und dem Wechsel vom Bogensport hin zum Pistolen-Schießen, hatte ich das AT völlig aus den Augen verloren. Erst mit den neuen Anforderungen erinnerte ich mich wieder an mein früheres Können. Selbst die Entspannung musste ich neu lernen, sie zumindest auf diese völlig anderen Bedingungen umsetzen. Es stellte sich heraus, dass die Einsamkeit, das wirklich auf-sich-selbst-gestellt-Sein durch meine Monster-Montur erhebliche Vorteile hatte. Ich konnte mich viel besser konzentrieren, nicht nur auf das Schießen, sondern auch bei meinen mentalen Übungen. Ab sofort setzte ich auch zur Entspannung zu Hause meinen Schallschutz vom Pistolen-Schießen auf. Für meine Familie war das neu - sie fand es lächerlich, aber ich war auch hier viel weniger abgelenkt durch Außengeräusche.

Bevor ich das, was ich schon einmal gekonnt hatte, auch auf dem Schießstand einsetzte, wollten erst einmal die reinen Schießabläufe trainiert werden. Hier tauchten völlig andere statische Probleme auf. Eine Pistole wiegt etwa ein Kilogramm, das ich am ausgestreckten Arm halten musste. Ich brauchte Monate, in denen ich intensivst beobachtete und übte, um den Körper erneut zu hohen Leistungen zu bringen. Dann erst konnte ich die mentalen Möglichkeiten aktivieren, zunächst zu Hause. Als mir das ganz gut gelang, setzte ich Teile des AT auch während des aktiven Schießens ein. Ganz besonders half mir dabei die Fähigkeit, das Herz zu beruhigen. Beim Bogen-Schießen hatte ich immer nur nach innen gehorcht, wenn ich meinen Herzschlag beobachtete, jetzt konnte ich ihn sogar sehen. Je höher wir in der Leistungsklasse stiegen, um so größer wurde mein Wettkampfstress - und hier war er sichtbar. Mein Arm mit der Pistole hüpfte im Rhythmus des Herzschlages leicht auf und ab. Fasziniert konnte ich jetzt genau beobachten, wie sich mit den Suggestionen und Vorstellungen der langsam tickenden Bahnhofsuhr mein Herz beruhigte. So deutlich hatte ich das nie fühlen können, wie es hier zu sehen war!

Leider gelang mir das nicht immer. Wie schon früher, merkte ich deutlich, wie sehr diese mentalen Fähigkeiten mit meiner Kondition, und vor allem mit meiner psychischen Grundstimmung zusammenhingen. Wenn ich Probleme hatte, Ärger, Kummer oder Sorgen, dann konnte ich mich manchmal für Wochen nicht ausreichend entspannen, und schon gar nicht mein Herz beruhigen. Natürlich wirkte sich das aufs Schießen aus. Manchmal war ich sehr entmutigt, wollte Schluss machen und nichts mehr vom Sport hören. Doch gerade die mentalen Möglichkeiten fand ich so spannend, dass ich nicht davon lassen konnte. Ich probierte es immer wieder von Neuem. Auch meine Wettkampf-Vorbereitungen nach altem Muster nahm ich wieder auf, suchte mir direkt vor dem Schießen ein ruhiges Eckchen, saß da im Kutschersitz, ließ meine Arme schwer werden und entspannte mich von oben bis unten. Auch zwischendurch entspannte ich meinen ganzen Körper, die Durchblutung zirkulierte, was beim Pistolen-Schießen besonders hilfreich war. Im Winter schossen wir auf wenig beheizten Schießständen oder gar im Freien, und ich konnte jederzeit die Hände warm denken.

Meine Leistungen waren inzwischen so gut und beständig, dass ich erneut in die Landesauswahl, diesmal in der Sparte Pistolen-Schießen einberufen wurde. Was mich zunächst befremdete war, dass neben dem Luftpistolen-Schießen dort auch das Schießen mit einer Sportpistole Pflicht war. Ich hatte damit einige Mühe, denn ich hatte verdrängt, dass Schießen auch Töten beinhaltet. Bisher machten Waffen für mich nur kleine Löcher in Pappscheiben und trainierten hervorragend meine Konzentration auf Ergebnisse. Beim Sportpistolen-Schießen gab es hingegen sich bewegende Duell-Scheiben, die grob die Silhouette eines Menschen nachahmen. Die 10 ist etwa die Körpermitte. Damit musste ich mich auseinandersetzen und es dauerte Monate, bis ich mit der gleichen Selbstverständlichkeit und Leichtigkeit auch mit der Sportpistole schoss. Schon in der nächsten Saison erreichten wir als Damen-Mannschaft, die sich neue formiert hatte, wieder den 1. Platz in der Landesklasse.

Im Laufe der Jahre litt ich immer häufiger unter Erkältungen, die ich mit den meist kalten, zugigen Schießständen in Verbindung brachte. Ich fühlte mich oft abgeschlagen und müde und war neugierig, als mir eine Freundin in Amerika den Tipp gab für ein Seminar. In ihm könne ich lernen, mich von grippalen Infekten zu befreien. Sie hatte gehört, dass der Kurs auch in Deutschland angeboten wird. Aus den USA zurück, meldete ich mich sofort für diesen Mind Control (MC) genannten Kurs an, und wurde überrascht, was die mentalen Möglichkeiten anbetraf. Ich hatte erwartet, nur ein „Supermittel" gegen meine Erkältungen zu bekommen, doch es wurden eine Unzahl der verschiedensten mentalen Methoden vorgestellt. Zu Beginn erlernten wir als Grundlage für alle Praktiken ein Entspannungstraining, das nach meiner Auffassung das autogene Training nach Schultz wirkungsvoll ergänzt. Es ist ganz leicht zu erlernen. Beim AT wurden nur die Körperteile insgesamt angesprochen, also Arme schwer und warm, hier lernte man durch die sehr detaillierten Suggestionen der Trainerin den Körper von Kopf bis Fuß Stück für Stück zu erspüren. Sie begann bei der Kopfhaut, ging über zur Stirn, zu den Augen, den Wangen und weiter ganz detailliert durch den gesamten Körper, und suggerierte uns, der jeweilige Bereich sei vollkommen entspannt. Manchmal half ich nach mit meinen üblichen Vorstellungsbildern. So erinnerte mich die Suggestion einer entspannten Kopfhaut an eine Zeichnung von Wilhelm Busch, wo ein Mann einen dampfenden Pfannkuchen auf dem Kopf hat. Durch diese Vorstellung entspannte sich meine Kopfhaut unmittelbar, und mit ihr das Gehirn mit all den krausen Gedanken, ein wunderbares Gefühl. Obwohl ich durch den Leistungssport viele Muskeln orten und sie gezielt einsetzen konnte, lernte ich durch das MC ein neues Gewahrsein meines gesamten Körpers, das von Kurstag zu Kurstag intensiver wurde. Ich nahm Kontakt auf zu mir selbst, begann mich in mir zu fühlen - mich in mir so unglaublich wohl zu fühlen, wie mir das mit dem AT nie gelungen war. Mein Körper tat, was ich ihm sagte, er entspannte sich genau dort, wohin ich meine Aufmerksamkeit lenkte. Es war wie ein In-mir-spazieren-gehen, ein neues inneres Sein. Ich fühlte meine einzelnen Körperteile und die inneren Organe deutlich, nahm sie bewusst wahr, sie waren durch die Suggestionen entspannt, warm und gut durchblutet. Ich hatte das Gefühl, in mir angekommen zu sein, und trotz des langen Kurstages fuhren wir abends völlig ausgeruht nach Hause. Am zweiten Tag erläuterte die Trainerin die Hirnfrequenzen. Wir bekamen wissenschaftliche Hintergründe für den Zustand der Entspannung.

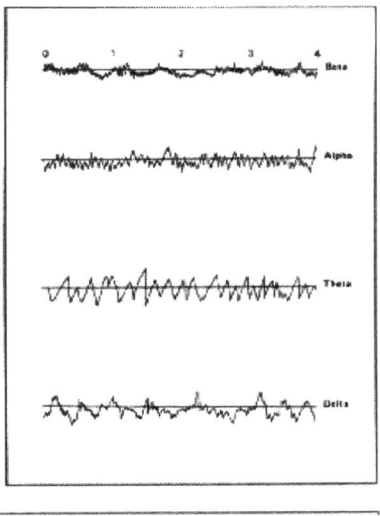

"Das Gehirn schwingt in Rhythmen, ähnlich dem Herzschlag", erläuterte sie und zeigte uns Enzephalogramme, Gehirnstromkurven. „Am Tag, wenn wir die Augen offen haben, sind wir im Beta-Zustand (oberste Kurve). Jede einzelne Hirnzelle lädt sich 20 bis 40 mal pro Sekunde auf, je nach Aufregung. Wenn wir uns jedoch entspannen, dann schwingt das Gehirn wesentlich langsamer, nur noch zwischen 8 und 12 Zyklen. Weil sie als erstes gefunden wurde, heißt sie Alpha-Frequenz (zweite Kurve). Sie erreichen diesen Zustand häufig - zum Beispiel, wenn Sie einen Kriminalroman lesen und so vertieft sind, dass Sie das Öffnen der Tür oder ähnliche Geräusche überhören." Sie bemerkte weiterhin, dass man lernen könne, auch noch die darunter liegende Stufe Theta, die dem Zustand der Narkose entspricht, bewusst zu erreichen, was allerdings unter Umständen jahrelanges Training bedeute (dritte Kurve). Wir lernten unter ihrer Anleitung die Alpha-Stufe zu erreichen, denn sie sei als Grundlage günstig für die weiteren Methoden der Selbstverbesserung und Selbststeuerung, die wir in der Folge kennen lernen sollten.

Als Nächstes wurde im Kurs ein Bereich angesprochen, der mir sehr lag. Wir lernten, innerlich Bilder zu kreieren, uns etwas vorzustellen, und wir lernten, diese Vorstellungsbilder gezielt anzuwenden. Das hatte ich mit dem herunterströmenden Wasser schon gemacht, doch hier kamen wesentliche Aspekte hinzu, die sehr hilfreich waren. Wir konnten uns als Erstes davon überzeugen, dass die bildhafte Vorstellung die Gedächtnisleistung ganz erheblich steigert. Über Worte allein könne man sich nur bis zu sieben Begriffe merken, erläuterte die Trainerin, würden aber die Worte an Bilder gekoppelt, dann lerne das Gehirn weitaus lieber und wesentlich schneller. Diese Technik werde von den Gedächtniskünstlern angewendet. Sie demonstrierte das mit 20 ihr zugerufenen Begriffen aus dem Alltag, die sie sich alle merken konnte. Wir waren beeindruckt von ihrem guten Gedächtnis und hoch motiviert, unseres ebenso zu verbessern.

Anschließend machte sie uns darauf aufmerksam, dass Vorstellungen schneller sind als Worte. „Denken Sie einmal **nicht** an einen rosa Elefanten!", sagte sie. Das war nicht möglich, denn sofort war das Bild eines rosa Elefanten auf unserem inneren Bildschirm zu sehen. Dann erst folgte irgendwann das Wort **nicht**. Wir erkannten, dass die Verneinung als Wort vom Gehirn nicht oder nicht schnell genug umgesetzt wird, und machten uns bewusst, wie häufig wir im täglichen Leben Verneinungen benutzen, die jedoch das Gegenteil dessen bewirken, was sie sollten. „Bitte den Rasen

nicht betreten!", wird vom Gehirn umgesetzt in „Bitte den Rasen betreten!", eben weil zunächst ein Bild vom Rasen da ist. Das Bild ist schneller als Worte. Ich erinnerte mich an meine früheren Erkenntnisse, dass Worte und Vorstellungen Kräfte sind, die etwas im System bewirken. Jetzt fügte ich hinzu:

☞
Bilder sind machtvoller als Worte.
Mit Bildern wird besser gelernt,
(leider auch Unsinniges).

Wir lernten zunächst einmal, in allen Einzelheiten Bilder zu erzeugen, und sie dann ganz gezielt auf dieser inneren Ebene anzuwenden. Die vielen Methoden wurden im Kurs zwar erläutert und kurz ausprobiert, einüben und testen sollten wir sie aber zu Hause.

Zu Anfang hatte ich größte Bedenken und auch Angst vor Suggestionen. Ich passte daher gut auf, um nicht unterschwellig Botschaften zu speichern, die ich nicht wollte. Mit der Zeit legte sich das, die Übungen des ersten Wochenendes waren ganz gut nachzuvollziehen. Später lernte ich, dass „to suggest" lediglich heißt, etwas vorzuschlagen und nicht zu manipulieren. Daher hat die Suggestion im englischen Sprachgebrauch nicht den negativen Beigeschmack wie bei uns, und löst entsprechend weniger Ängste aus.

Das zweite Wochenende des MC-Seminars brachte dann jedoch viel Neues, das ich nicht so einfach glauben konnte. Staunend hörte ich über Dinge, die mir völlig neu waren. Sie ließen sich mit meinem rational und wissenschaftlich geschulten Verstand nicht einordnen. Wir lernten unter anderem, uns in Pflanzen, Mineralien und Tiere hineinzuversetzen, zum Schluss sogar in einen Menschen, um dort Informationen aufzunehmen. Meine Skepsis war groß und ich glaubte eher an meine blühenden Phantasie. Ich wusste auch nicht, wie ich dies im täglichen Dasein anwenden könnte, ohne in Kollision mit den bisherigen Überzeugungen der Medizin zu kommen. Daher beschränkte ich mich auf das, was mich im Schießen weiterbringen könnte. Ich hatte nicht einmal ganz genau begriffen, wie ich eine Erkältung verhindern kann, außer, dass durch das sehr intensive Entspannungstraining die Abwehrkräfte gegen Krankheiten aller Art gestärkt werden. Allerdings genoss ich diese detailliertere Form der Entspannung, baute Teile in mein Trainingsprogramm ein, und verbesserte damit meine Schießleistung. Doch noch etwas war mit mir passiert. In den Tagen nach dem Seminar war ich ausgeglichen und trotz großer Hektik in der Praxis ruhig, freundlich und auf eine ganz neue Art liebevoll. Ich war innerlich erfüllt, ein erstrebenswerter Zustand, der leider zunächst nicht lange anhielt.

Als der MC-Kurs im folgenden Jahr erneut abgehalten wurde, war ich selbstverständlich wieder dabei. Ich übte alles noch einmal mit, hörte genauer zu, begriff mehr, und konnte Zusammenhänge erkennen. Die Trainerin hatte ein kleines Gerät dabei, auf das sie ihre Finger legte. Es gab einen hellen Piepston von sich. Wenn sie jedoch mit etwas starren Augen ins Leere blickte und damit auf die berühmte Alpha-Frequenz ging, dann wurde der Ton angenehm dunkel. „Das ist ein Hautwiderstandsmesser, der auch in Lügendetektoren Anwendung findet", berichtete sie. Man könne damit den Erregungszustand einer Person messen. „Sie geben ein feedback, eine Rückmeldung des Entspannungszustandes über den sich verändernden Widerstand der Haut", erläuterte sie weiter. Ich verstand jetzt besser, was ich bei den mentalen Methoden eigentlich machte, denn Hände warm werden zu lassen war ja auch ein feedback, eine Rückmeldung meines Körpers, er reagierte genau so, wie ich es ihm suggeriert hatte.

Andere Methoden des Kurses blieben mir dagegen auch weiterhin völlig unverständlich. Ausgehend von tiefen Entspannungszuständen lernten wir Möglichkeiten kennen, bestimmte Ziele zu erreichen oder auf eine neue Art Probleme zu lösen. Ich konnte mir nicht erklären, wie das funktionieren sollte und ging nur sehr zögernd und vorsichtig an diese Dinge heran. So hieß es zum Beispiel, man könne sich einen Parkplatz wünschen. Man brauche nur ganz eindeutig die Absicht zu äußern, und sich dann vorzustellen, wie man an dem entsprechenden Ort in die Parklücke einfährt. Wenn man mit kindlichem Vertrauen daran glaube, dass es funktioniert, dann sei wie von Zauberhand dieser gewünschte Parkplatz da. Glauben konnte ich das nicht, doch ich war neugierig. Ich wollte es wenigstens einmal ausprobieren. Es konnte ja nichts weiter passieren, als dass ich keinen Parkplatz bekam. Eine Gelegenheit fand sich, ich brauchte einen Parkplatz in unmittelbarer Nähe der Post, weil ich Pakete aufgeben musste.

O

Zwei Stunden vorher setzte ich mich bequem in meinen Sessel, stülpte mir den Schallschutz auf, um meine Ruhe zu haben, und entspannte mich. Ich ging auf die Alpha-Stufe und äußerte zunächst einmal die Absicht: „Ich finde einen Parkplatz vor der Post und zwar in zwei Stunden." Da ich meinte, dass es besser wirkt, stellte ich mir alle Einzelheiten vor. Ich stellte mir vor, dass ich im Auto sitze und fahre. Ich spürte meine Hände am Steuerrad, die Füße auf Gas und Bremse und reagierte in allem so, als würde ich wirklich fahren. Ich dachte mir die Ampeln grün, war schnell im Bereich vor der Post und fuhr jetzt auf den Parkplatz zu. Dort wurde ich langsamer und stellte mir dann vor, dass ich halten muss, weil genau vor mir jemand rückwärts aus einer Parklücke herausfährt. Schnell fuhr ich in diese Lücke ein, nahm glücklich die Pakete aus dem Kofferraum und trug sie in die Post.

Damit beendete ich meine Vorstellungsübung, machte die Augen wieder auf und vergaß das Ganze, indem ich meinen üblichen Geschäften nachging.

Zwei Stunden später fuhr ich dann wirklich zur Post und war sprachlos. Das grenzte an Magie! Ich sah von weitem einen Wagen ausparken und weiterfahren. Zum Glück fuhren die beiden vor mir fahrenden Wagen an „meinem" Parkplatz vorbei. Es war also nicht ganz genau so, wie ich es mir vorgestellt hatte, aber als ich in die Parklücke einfuhr und den Wagen abstellte, musste ich erst einmal tief Luft holen. Ich hatte tatsächlich den in der Vorstellung vorausgeplanten Parkplatz bekommen. Wie war das möglich? Von meinem wissenschaftlichen Verständnis her konnte so etwas einfach nicht funktionieren. Zunächst war ich euphorisch über solche Möglichkeiten und räumte meine Pakete aus. Zu Hause jedoch war ich mehr verwundert und zunehmend beunruhigt, fand jedoch nicht den Mut, mit jemandem darüber zu reden. Menschen, die diese Methode des Mind Control nicht kennen, würden gar nicht verstehen, wovon ich spreche. Ich hatte keine Erklärung dafür. Für mich stand fest:

☞

Meine Gedanken und Vorstellungen haben nicht nur einen Einfluss auf meinen Körper, sondern sie pflanzen sich wie Radiowellen fort und beeinflussen mein Umfeld. Ich gestalte damit die äußere Wirklichkeit.

Mir war das unheimlich, und ich probierte eine ganze Weile nichts mehr aus. Meine Angst, für verrückt erklärt zu werden, war groß, doch immer wieder bohrte es innen: Wenn es nun doch möglich wäre, sich etwas vorzustellen und es passiert dann?

Ein Zufall kam mir zu Hilfe, bei dem ich sehr viel lernte: Ich war auf dem Weg nach München, denn wieder hatte ich die Teilnahme an den Deutschen Meisterschaften erreicht, die immer in München ausgetragen werden. Im Jahr zuvor hatte ich mein Zelt mitgenommen. Es war interessant, direkt auf dem Schießgelände zu leben und Kontakte knüpfen zu können. Abends saßen wir gemütlich zusammen und tauschten untereinander Erfahrungen aus. Dieses Mal hatten mir Freunde ihren Campingbus angeboten und überglücklich fuhr ich los. Ich müsse bald tanken, gab mir der Freund mit auf den Weg. Ich hatte noch nie einen Bus gesteuert und fuhr deshalb sehr unsicher. Ein Bus sei auch nicht größer als ein PKW, hatte er mir versichert, doch man saß so weit oben, es war einfach ungewohnt. Zudem hatte der umgebaute Lieferwagen wenige Fenster und ich konnte mich nach hinten nur über die Spiegel orientieren.

○

„Hoffentlich finde ich eine Tankstelle mit einer schönen breiten Einfahrt und möglichst auf der rechten Straßenseite, damit ich leicht ein- und ausfahren kann", dachte ich und stellte mir erst während des Fahrens diese Tankstelle vor mit wenig Betrieb, damit ich nicht rangieren muss.

Mir war eingefallen, dass ich mir ja etwas kreieren kann, nur zweifelte ich ein wenig, ob so eine quasi nebenher geäußerte Vorstellung auch wirksam ist. Ich wartete gespannt. Keine fünf Minuten später war da eine Tankstelle, genau wie ich sie mir vorgestellt hatte, auf der rechten Seite der Straße, gut zum Ein- und Ausfahren und ganz leer. Ich zögerte, denn am Morgen war im Radio durchgegeben worden, diese Benzinmarke werde bestreikt, weil sie die Preise gleich um mehrere Pfennige angehoben hatten. Ein Streikbrecher wollte ich nicht sein, ich fuhr weiter und suchte nach einer anderen Tankstelle. Auf der linken Straßenseite übersah ich dann eine und stand nach etlichen Umwegen mit dem letzten Tropfen Benzin wieder vor einer Tankstelle der bestreikten Marke, wunderbar leicht zum Ein- und Ausfahren und ganz leer. Ich war fassungslos, hatte aber zweierlei gelernt: Einmal, dass auch Vorstellungen, die ich so ganz nebenbei in meinem Kopf entwickele, eine Wirkung haben. Zum anderen, dass ich ganz präzise programmieren, also auch die Benzinmarke mit einbeziehen muss, oder aber mich durch solche Streiks nicht abhalten lassen darf.

Dieses Erlebnis beunruhigte mich noch mehr, denn sehr undeutlich zeichnete sich ab, dass ich mit den mir täglich begegnenden Ereignissen viel mehr zu tun hatte, als mir lieb war. Ich nahm mir vor herauszufinden, wie das alles zusammenhängt und funktioniert. So, wie ich es in Schule und Ausbildung gelernt hatte, war es offensichtlich nicht. Wenn das immer so war, dass sich meine Vorstellungen so schnell und präzise in meinem Umfeld auswirkten, wollte ich das schon genauer wissen, um es gezielter anwenden zu können.

Zunächst jedoch hatte ich keine Zeit, nach Erklärungen für diese Phänomene zu suchen. Häusliche Veränderungen bürdeten mir immer mehr Arbeit auf. Ich hatte schon lange gemerkt, dass ich das intensive sportliche Training als Ausgleich für meinen Alltag brauchte. Beim Schießen in der vollen Konzentration und Anspannung konnte ich abschalten, konnte Ärger, Sorgen und Grübeleien hinter mir lassen. Ich fand es interessant, mich und meine eigenen Fähigkeiten zu schulen und auszutesten, sowohl in körperlicher, als auch in mentaler Hinsicht. Mir wurde immer klarer, dass das eine nicht vom anderen zu trennen ist. Ausgerechnet zu diesem Zeitpunkt, wo in Haus und Beruf Umstellungen anstanden und ich sehr gefordert war, brachte der Schützenverband neue Richtlinien für uns Teilnehmer heraus. Wer im Leistungskader bleiben wollte, hatte neben einer Leistungskontrolle zwei Mal wöchentlich, die jetzt genau dokumentiert werden musste, ab sofort täglich 100 Schuss Trockentraining zu absolvieren. Mich plagte ohnehin mein schlechtes Gewissen, denn andere Schützinnen im Kader trainierten schon jetzt täglich zwei Stunden aktiv für ihre hohen Leistungen, was mir zeitlich gar nicht möglich war. Zusätzlich wurden wir noch zu Konditionstraining verpflichtet, wie wöchentlich 3000 m laufen und 1000 m schwimmen. Das wurde zwar nicht überwacht, doch es erwies sich als nützlich. Ich schaffte die 3000 Meter nicht und gab erst einmal das Rauchen auf, indem ich die Zigarette vor mich hinlegte und mich ernsthaft fragte: „Wer ist größer, du oder ich? Du willst mir sagen, was ich zu tun habe?" Hier bestimme ich!" Das half. Mein Atemvolumen wurde besser und ich schaffte auch die 3000 Meter. Als dann immer mehr Aufgaben auf mich zukamen, stand ich vor der Alternative, mit dem intensiven Sport aufzuhören, oder mir etwas einfallen zu lassen. Nach einigen Überlegungen stand für mich fest, dass ich jetzt nicht aufgeben würde. Ich hatte schon so viel Zeit investiert und befand mich gerade jetzt in einer vergleichbar hohen Leistungsklasse wie die Schützinnen des Nationalkaders. Obwohl ich weitaus weniger trainierte, war ich eine beständige Schützin bei den vielen Länderkämpfen im Landeskader und belegte bei den Meisterschaften immer vorderste Plätze.

Wollte ich weitermachen, musste ich mir etwas einfallen lassen. Zunächst einmal erinnerte ich mich an Vorstellungsübungen aus dem MC zum Einschlafen, Aufwachen und eine Wachbleibkontrolle, die ich versuchen wollte. Man kann sich damit selbst suggerieren, über einen langen Zeitraum frisch und munter zu bleiben, um einen anstrengenden Tagesablauf leichter zu absolvieren, oder ohne müde zu werden bis zu einem bestimmten Ziel zu fahren. Das wollte ich versuchen. Statt zu übernachten, was mich mehr Zeit gekostet hätte, wollte ich bei einem weiter entfernt liegenden Schießen ausprobieren, ob es meine Leistungen beeinträchtigte, wenn ich am gleichen Tag hin- und zurückfuhr. Ich bereitete daher den nächsten Länderkampf, zu dem ich einberufen wurde, folgendermaßen vor:

○ *Ich setzte mich am Abend vor der Abfahrt gemütlich in meinen Wohnzimmersessel, den Schallschutz auf den Ohren, schloss die Augen, entspannte mich, und stellte mir vor, dass ich meine Schießausrüstung ins Auto packe, und los ging es. Ich fuhr zur Autobahn und sah jetzt die unterschiedlichen blauen Hinweisschilder an mir vorüberziehen. Zwischendrin fühlte ich immer mal wieder das Steuerrad in meinen Händen und stellte mir dann vor, wie ich in die Abzweigung Richtung Süden einbiege. Auch dort flogen die Namen der vielen Städte an mir vorbei, bis zur gewünschten Ausfahrt. Ich kannte den Weg von einem früheren Schießen, und so konnte ich mühelos in der Simulation die richtigen Straßen entlang fahren. Ich suggerierte mir, die gesamte Strecke ohne Zwischenfälle mühelos zu bewältigen. Auf dem Schießstand angekommen, gönnte ich mir eine halbe Stunde Entspannung auf dem Liegesitz meines Autos und stellte mir dann vor, ich gehe anschließend frisch und munter zum Schießen und schneide hervorragend ab. Ich stellte mir die Serien vor und terminierte mittels einer Uhr die anschließende Pause, die ich für einen kurzen Mittagsschlaf nutzen wollte. Danach plante ich wieder mit Zeit den zweiten Durchgang, das Duell-Schießen, hörte dabei in erster Linie die Ansage, die meine Schüsse nach jeder Serie aufnahm und hörte, dass viele Zehner angesagt wurden. Nur Zehner hätte ich mir nicht geglaubt. Anschließend packte ich meine Schießutensilien wieder ins Auto und sah mich in der Vorstellung Richtung Heimat fahren, wach und aufmerksam. Die Fahrt in der Simulation endete vor meiner Haustür, wo ich das Auto ausräumte und ins Haus ging. Zum Abschluss orientierte ich mich wieder in meinem Körper, nahm meine Füße auf dem Boden wahr und öffnete die Augen.*

Damit beendete ich diese Vorstellungsübung und ging schlafen. Ich war gespannt auf diesen vorprogrammierten Tag. Er verlief tatsächlich wie geplant. Ich wachte, schlief und blieb wach, bis ich wieder zu Hause war. Es war so, als liefe ein inneres Programm ab, als folge mein Körper ganz von allein der Suggestion, als fühle er sich sicherer, weil er schon alles kennt und weiß, was auf ihn zukommt. Meine Leistungen waren trotz vier Stunden Anreise am Morgen nicht schlechter als sonst mit Übernachtung. Auch die Rückfahrt verlief ohne Probleme, und ich war abends wieder daheim, was für mich eine wesentliche Zeitersparnis bedeutete. Für mich wurde deutlich:

☞

Dem Gehirn ist es egal, ob man sich etwas nur vorstellt, oder es auch wirklich tut. Es kann es nicht unterscheiden. In beiden Fällen gibt es Handlungsimpulse an den Körper, die erinnert werden. Vorgeübte Handlungsabläufe bringen mehr Sicherheit.

Ich wurde immer mutiger und übte weiter. Mir Parkplätze zu kreieren war inzwischen ebenso Routine, wie verlorene Dinge wiederzufinden. Auch das konnte man sich suggerieren. Einmal suchte ich verzweifelt ein Schriftstück. Ich drückte drei Finger der rechten Hand zusammen, was wir im MC-Kurs gelernt hatten, und redete mir ein, es wiederzufinden. Plötzlich fing ich an, die Heizung abzustauben, obwohl ich das gar nicht vorhatte. Doch zu meinem großen Erstaunen fand ich dahinter das Schriftstück. Es war durch die Zugluft vom Schreibtisch geweht worden. Ich war höchst erfreut und dankbar, dass meine Absicht so prompt erfüllt wurde. Insgesamt nahmen Zufälle zu. Sie wurden im Laufe der Zeit so häufig, dass es auch unserer Sprechstundenhilfe manchmal nicht ganz geheuer war. Es kam immer öfter vor, dass wir uns an einen Patienten erinnerten, von ihm sprachen, oder auch versehentlich die Krankenakte eines Patienten herausnahmen, der dann am gleichen Vormittag erschien. Solche „Zufälle" gehörten ohne mein Zutun zum Alltag, erklären konnte ich mir das nicht.

Andere Techniken des MC-Kurses probierte ich gezielter aus und änderte sie für meine Zwecke ab. Ich erinnerte mich zum Beispiel daran, dass von Programmierungen die Rede war, die Probleme lösen können, indem man sich einfach nur das erwünschte Endergebnis vorstellt. Ich hatte das Problem, dass ich durch einen Umzug bedingt immer noch viel zu viel zu tun hatte, zumindest, wenn ich auch noch meine Verpflichtungen in der Landesauswahl einhalten wollte. Meine Eltern hatten sich für einen Besuch angesagt, und ich nutzte diese Gelegenheit, die Gästewohnung zu renovieren und herzurichten. Wie ein unüberwindlicher Berg stand diese Aufgabe vor mir: Räume, die ausgeräumt, frisch gestrichen und nachher wieder eingeräumt werden sollten. Ich wollte mir die Arbeit erleichtern, setzte mich hin und machte einen Plan. Ich schrieb auf einen großen Zettel, was ich bis wann alles tun muss. Dann überlegte ich, wie lange ich für die einzelnen Arbeitsabläufe brauchen würde, und entschied mich dafür, wenigstens den kommenden Tag vorzuprogrammieren, gründlich wie ich bin, in allen Einzelheiten.

○

Ich setzte mich gemütlich in meinen Sessel, den obligatorischen Schallschutz auf dem Kopf, ließ mich in eine angenehme Entspannung fallen und äußerte erst einmal die Absicht: "Ich renoviere jetzt dieses Zimmer." Dann stellte ich mir vor, wie ich die Möbel Stück für Stück hinaustrage. In der Vorstellung geht das sehr viel schneller, als in der Realität. Ich sah und fühlte mich die Teppiche aufrollen und hinaustragen, den Fußboden anschließend sorgfältig mit Plastik abdecken, dann mit dem Pinsel die Ecken an Türen, Fenstern und Zimmerecken absetzen und neu streichen. Ich hielt die Farbwalze in der Hand und rollte kreuz und quer über die Flächen. Zum Abschluss sah ich die fertige Wand vor mir, ganz gleichmäßig gestrichen. Zwischendrin plante ich wieder mit Hilfe einer Uhr entsprechende Pausen ein, dann wurde ein zweites Mal gewalzt, bis ich zufrieden war und mir voller Freude das strahlend weiße Zimmer anschaute.

„Jetzt schnell aufgeräumt und sauber gemacht!" Dann sah ich mich die Teppiche auslegen und alles wieder einräumen. Zum Abschluss dieses arbeitsreichen Nachmittags stellte ich mir vor, wie ich mit einem Glas Wein gemütlich im Wohnzimmer sitze und die Tagesschau ansehe.

Das war anstrengend, und ich hatte etwas Mühe, aus der Entspannung herauszukommen. Es war fast so, als hätte ich schon Vorarbeit geleistet. Dann ging ich zu Bett. Am nächsten Tag erinnerte ich mich nicht gleich an meine simulierte Tagesplanung, morgens war Praxis und bis mittags hatte ich das total vergessen. Ich wunderte mich nur, mit welcher Freude, mit welcher Leichtigkeit mir am Nachmittag die Arbeit von der Hand ging. Ich pfiff fröhlich vor mich hin, war munter und fidel. Erst gegen Abend fiel mir ein, dass ich ja diesen Tag vorbereitet hatte, dass ich ihn genauso geplant hatte, wie er abgelaufen war. Sogar die Pausen stimmten annähernd überein. Ich war erstaunlicherweise auch nicht so müde, wie ich das nach einem solch anstrengenden Tag hätte sein müssen. Und wieder fragte ich, wie wir Menschen funktionieren, nachdem sich gezeigt hatte:

Der Körper ist leistungsfähiger, wenn man ihm schon im Voraus sagt, was man am nächsten Tag zu tun beabsichtigt.

Ich probierte weiter, plante immer öfter anstrengende Aktivitäten voraus, und als mir das zufriedenstellend gelang, überlegte ich, wie ich den enormen Aufwand im Leistungssport verringern kann. Sehr vorsichtig begann ich, die Simulationsübungen auch im Schießen einzusetzen. In keinem Fall wollte ich meine recht hohen und beständigen Leistungen gefährden.

○

Wie üblich setzte ich mich in meinen Sessel und ging auf die Alpha-Stufe. Ähnlich wie bei den Renovierungsarbeiten visualisierte ich alles, was ich normalerweise in der Wirklichkeit tue, in allen Einzelheiten auf meinem inneren Bildschirm. In meiner Simulation trug ich mein Zubehör zum Schießen ins Auto, fuhr auf den Stand hinaus, fühlte, wie ich meine Kleidung anlege, den Koffer und die Waffe vorbereite und die Schießscheibe unter dem Kugelfang aufhänge. Alles spielte sich genau so ab, wie in Wirklichkeit, und es erschien mir sehr seltsam, dass ich auch bei diesem virtuellen Erleben die glitschigen Stellen des Weges hinaus zum Kugelfang vermied. Was war hier Schein, was war Wirklichkeit? Mir schien die Vorstellung ebenso wirklich zu sein, wie die reale Ebene. Ich visualisierte Teile so wie in einem Film, sah mich agieren und schaute mich von außen an, dann wieder so, als gucke ich mit meinen eigenen Augen. Auch das Schießen selbst simulierte ich, lud die Waffe, hob den Arm und schoss. Anschließend schaute ich durch das Fernglas, so wie ich das in Wirklichkeit auch tun würde, schoss dann zwei mal fünf Schuss sehr aufmerksam, doch alles nur in der Vorstellung. Damit beendete ich die Simulation, konzentrierte mich wieder auf meinen Körper und fühlte mich für ein paar Minuten wohl und sehr entspannt in meinem Sessel. Dann öffnete ich die Augen und suggerierte mir, frisch und munter zu sein.

Ich beließ es für den Anfang bei zwei simulierten Präzisionsserien. Täglich wiederholte ich diese Imagination und jeden Tag ging es leichter und schneller. Nach einer Woche testete ich dann im aktiven Schießen meine Leistung. Als sie unverändert hoch blieb, steigerte ich die Simulationen, bis ich einen ganzen Durchgang von sechs mal fünf Schuss genau so absolvierte, wie ich das in der Wirklichkeit auf dem Schießstand auch gemacht hätte.

○

Jeden einzelnen Bewegungsablauf simulierte ich so, als würde ich ihn wirklich ausführen. Natürlich gehörte am Ende auch dazu, dass alles wieder eingepackt wird, ich meinte, nichts auslassen zu dürfen. Zum Schluss fuhr ich wieder nach Hause zurück und räumte Koffer und Kleidung wieder auf.

Das Ganze dauerte nur etwa ein Fünftel der Zeit, die ich zum aktiven Schießen gebraucht hätte: statt zwei Stunden nur 20 bis 25 Minuten. Für mich war das eine ganz wesentliche Zeitersparnis.

Doch nicht nur das. Das Sensationellste war, dass trotz dieses wenigen aktiven Trainings sich meine Leistungen keineswegs verschlechterten, wie man normalerweise annehmen würde, sondern sich im Gegenteil ganz erheblich verbesserten!

Mentales Training war offenbar besser als reales Training auf dem Schießplatz. Ich begann zu ahnen, welche Chancen sich in allen Sportarten, aber auch in anderen Bereichen, wie der Rehabilitation nach Verletzungen ergaben. Doch zuvor wollte ich mehr über die Mechanismen herausfinden.

○

Nach diesen guten Erfolgen begann ich, auch den Duell-Durchgang mental zu trainieren, wiederum zunächst nur mit zwei Serien. Mehrmals testete ich dann im aktiven Schießen, und als meine Leistung unverändert hoch blieb, steigerte ich mich und schoss alles mental. Es war faszinierend, denn intuitiv wusste ich genau, was ich geschossen hatte, ob ich ruhig war und gut abgekommen war oder nicht.

Mehr und mehr intensivierte ich mein virtuelles Schießtraining - damals Anfang der 80er Jahre nannte man das allerdings noch nicht so - und reduzierte das aktive Training. Auf dem Schießplatz absolvierte ich nur noch meine Pflichtübungen, die ich sorgsam dokumentierte.

Für die überwiegende Anzahl meiner Trainingseinheiten saß ich gemütlich zuhause in einem Sessel, hatte es schön warm, brauchte weder Benzin, noch verpestete ich die Luft durch die Pulverrückstände und schoss trotzdem hervorragend. Im Gegensatz zur medizinischen Lehrmeinung, dass ein Muskel erschlafft, wenn er nicht ausreichend trainiert wird, wurden meine Leistungen immer besser, obwohl ich so wenig aktives Training machte. Ich schoss besser als je zuvor und erreichte meine absoluten Höchstleistungen bei einem Schießen in der Landesklasse: Ich wurde als einzige Frau unter 13 Männern Tagesbeste mit 290 von 300 Ringen. Das war damals nahe am Weltrekord für Frauen, und ich bemühte mich, diese Hochform auch auf die folgenden Wettkämpfe zu übertragen. Für mich wurde immer deutlicher:

☞

Durch die Simulation auf meinem inneren Bildschirm wird in mir ein Erfolgsmechanismus in Gang gesetzt, der die Wirklichkeit beeinflusst.

Ich suchte nach Bestätigung dieser Feststellungen, doch statt eine Antwort zu bekommen, taten sich neue Fragen auf. Ich traute mich schon lange nicht mehr, in meinem direkten Umfeld über alle diese Erlebnisse zu reden. Ich hatte schlechte Erfahrungen damit gemacht und fühlte mich einsam. Daher freute ich mich besonders, als ich auf einem größeren Pokalschießen einen Schützen kennenlernte, der, da oft in Fernost unterwegs, von mentalen Übungen ebenso gefesselt war wie ich. Wir verstanden uns gut, tauschten brieflich unsere Erfahrungen aus, und verabredeten schließlich einen gemeinsamen Versuch, der sich etwas verrückt anhörte: Bei seinem nächsten Wettkampf, einer Landesmeisterschaft, sollte ich mich zeitgleich auf ihn einstimmen, und nach Schießende meine gewonnenen Eindrücke über seine Leistungen schriftlich mitteilen.

○

Zur angegebenen Zeit setzte ich mich in meinen Sessel, ließ mich in eine tiefe Entspannung fallen und stellte mir vor, ich sei wieder auf dem Schießstand, den ich kannte. In meinen inneren Bildern betrat ich die Pistolenhalle, setzte mich hin und beobachtete, wie verabredet, den Schützen. Ich konnte zwar seine Schüsse auf der Scheibe nicht erkennen, gewann aber an seiner Haltung einen Eindruck davon, ob er gut abgekommen war oder nervös und unruhig wirkte.

Nachdem das Präzisionsschießen beendet war und der Schütze den Stand verließ, orientierte ich mich zunächst wieder in meinem Körper, dann in meinem Raum, fühlte mich auf dem Sessel sitzen und öffnete die Augen.

Ich notierte umgehend die Eindrücke, die ich auf meinem inneren Bildschirm gewonnenen hatte. In vier der Serien war er ruhig, sicher und konzentriert gewesen, nur in der zweiten und fünften Serie wirkte er unruhig. Ich vermerkte, dass es da wohl nicht so optimal gelaufen war und sandte den Brief, wie versprochen, noch am gleichen Tag ab. Mit sich überkreuzender Post trafen von ihm die real geschossenen Ergebnisse ein, und wir waren beide überrascht. Ich hatte mit der zweiten und fünften Serie genau die beschrieben, in denen er schlechter geschossen hatte. Eigentlich hatte ich nur aus Neugier in diesen Versuch eingewilligt, rechnete aber niemals damit, dass man über eine Entfernung von 400 Kilometern auf einer mir unbegreiflichen Ebene so genaue Informationen empfangen kann. Das grenzte an Hellsehen. Ich schloss daraus:

☞

Informationen sind nicht durch die Entfernung begrenzt. Sie stehen uns an jedem Ort zur Verfügung.

Mir wurde immer klarer, dass ich gezwungen war, in vielen Bereichen umzudenken. Wenn das möglich war, welchen Wert hatten dann Betriebsgeheimnisse bei Erfindungen? Diese Tragweite erschreckte mich und ich tröstete mich damit, dass das vielleicht noch nicht sehr viele Menschen können. Ich konzentrierte mich schnell wieder auf das, was mich betraf. Doch ganz neue Ideen entwickelte ich bei diesen Überlegungen. Wenn es möglich war, zeitgleich solche Informationen zu bekommen, vielleicht konnte ich dann auch ein zukünftiges Ergebnis abfragen. Ich suchte nach einer Gelegenheit das auszuprobieren.

Mir kam die Idee, schon im Voraus die Ergebnisliste des nächsten Länderkampfes mit der Schweiz und Österreich einzusehen. Da ich nicht wusste, über welches Medium diese Informationen sich verbreiten, war ich unsicher darüber, ob das in diesem Fall auch funktionieren würde. Bisher hatte ich mich auf einen Menschen einstellen können, was hier nicht möglich war. Ich kannte dort niemand. „Wenn ich mir nun einfach den Ort vorstelle?", überlegte ich. Ich hatte allerdings nur eine sehr ungenaue Erinnerung daran, wie es dort aussah.

○

*Bei diesem Versuch legte ich ganz besonders großen
Wert auf eine tiefe Entspannung, doch war ich sehr überrascht, als ich in der Vorstellung auf dem Schießstand
herumwanderte. Ich sah Dinge, die ich nie bemerkt hatte.
Ich ging quer durch den Raum, und schaute dann mehr
beiläufig auf die Ergebnistafel an der Wand. Ich las die
Namen aller Schützinnen, suchte mühsam nach meinem
und fand mich weit abgeschlagen unter Platz 15. Vor lau-
ter Schreck riss ich die Augen auf und landete sehr un-
sanft im Hier und Jetzt auf dem Sessel sitzend in meinem Zimmer.*

Ich war beunruhigt, das konnte doch nicht sein! So weit hinten? Vielleicht hatte ich mich getäuscht. Ich machte noch ein
zweites Mal die gleiche Visualisierung, aber es änderte sich
nichts am Ergebnis, ich lag auf Platz 15. Das konnte ich mir
überhaupt nicht erklären. Ich hatte mich sehr gut vorbereitet,
war in guter Kondition, allerdings, das musste ich zugeben,
ein bisschen zu früh für den Länderkampf in vier Wochen.
Trotzdem sollte ich wohl ein paar Plätze weiter vorn liegen.
Noch intensiveres Training würde wohl auch nichts bringen.

Ich war ratlos und wandte mich nach innen für eine Lösung.
Ich solle zielorientiert arbeiten, kam mir in den Sinn. Das
hieß, mir noch gezielter die erwünschte Zukunft vorzustellen,
und das, was ich haben wollte, schon im Voraus als erfüllt zu
sehen. Ich solle in allem so tun, **als ob es schon so sei**, als
hätte ich die Leistung schon erbracht, ich könne doch schießen!

○

*Für die verbleibenden Wochen änderte ich meine bis-
herige Taktik im Visualisieren. Wie beim Renovieren
zum Schluss das fertig gestrichene und vollständig
wieder eingeräumte Zimmer, so stellte ich mir jetzt das
Ziel, in diesem Fall ein bestimmtes Ergebnis so vor, als
sei es bereits eingetreten: Ich sah meinen Namen mit*

einer bestimmten Ringzahl auf den vorderen Plätzen, und stellte mir jetzt nur noch dieses Endergebnis vor. Ich machte keinerlei Schießsimulation mehr, sondern nur noch ganz tief entspannt diese Zielvisualisierung. Das war anstrengend, weil es mich langweilte. Mir fehlte Aktion und um es kurzweiliger zu gestalten, stellte ich mir vor, wie ich mit meinen Mitstreiterinnen aus der Mannschaft vor der Ergebnistafel stehe. Ein Mann aus der Auswertung hängte die Ergebnisliste aus. Ich las die Ergebnisse, fühlte Begeisterung aufwallen, umarmte meine Kameradinnen, und wir hüpften vor Freude im Kreis herum. Natürlich sah ich uns als Mannschaft auf Platz 1.

Tag für Tag machte ich diese Vorstellungsübung, und kam jedes Mal erfrischt und voller Zuversicht aus der Entspannung heraus. Meine innere Sicherheit wuchs, mehr und mehr konnte ich glauben, dass wir das schaffen werden. Der Erfolg war uns sicher.

So war es dann auch. Im wirklichen Wettkampf erreichte die Mannschaft Platz 1 und ich Platz 7 in der Einzelwertung. Ich erkannte:

Informationen sind weder durch den Raum, noch durch die Zeit begrenzt. Sie stehen uns auch aus der Zukunft als Wahrscheinlichkeit schon zur Verfügung.

So erfreulich das insgesamt war, so richtig begeistert war ich nach dem Wettkampf dann doch nicht. Ich freute mich zwar, aber ich war nicht mehr überrascht. Viel zu oft hatte ich genau dieses Ergebnis schon im Voraus erlebt. Doch ich war stolz auf die hohen Ergebnisse und fuhr sehr befriedigt nach Hause.

44

In der darauf folgenden Zeit regte sich dann Besorgnis. Durfte ich mir für andere etwas wünschen? Durfte ich das, auch wenn es zu unser aller Nutzen war, oder war es Manipulation anderer? Ich nahm mir vor, erst einmal mehr darüber herauszufinden, wie alles funktioniert, und wo die Grenzen auch in ethischer Hinsicht sind, bevor ich es für andere wieder anwende.

Mehr als zufrieden war ich jedoch mit meinen mentalen Fähigkeiten. Das waren ja unglaubliche Möglichkeiten. Als Nächstes bereitete ich in ähnlicher Weise für mich allein die Deutsche Meisterschaft in München vor. Mit der Sportpistole erreichte ich einen sehr respektablen 7. Platz und ließ damit den größten Teil der Damen-Nationalmannschaft hinter mir.

In der Luftpistole hätte es beinahe noch besser geklappt, ich wurde Vierte mit einem Ring Abstand zu den ersten drei Schützinnen, die alle ringgleich waren. Damit endete, bedingt durch eine Veränderung meiner Lebenssituation, meine schießsportliche Laufbahn und ich wendete mich der Erforschung der erlebten Phänomene zu.

Imagination is the model from which reality is created.

Walt Disney

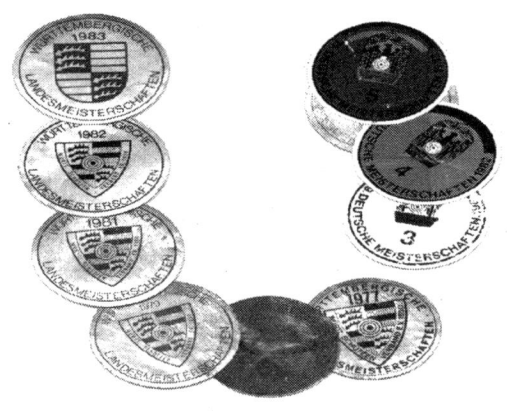

Zusammenfassung der Gestaltung

Viele Menschen halten ihr Denken und Fühlen für etwas, das ihrer Kontrolle entzogen ist, worauf sie keinen Einfluss haben. Vor allem wir Älteren orientieren uns häufig noch an den früheren Überzeugungen der Psychologie. Wenn wir verstehen möchten, wie wir funktionieren und welche Gesetzmäßigkeiten unserem Verhalten zu Grunde liegen, dann glauben wir immer noch, das Innere sei ein gefährliches Monster, ein Hort unbewusster Triebe, mit dem man sich besser nicht einlässt. Damals vertrat man die Ansicht, dass wir nur unter Anleitung eines Psychotherapeuten Zugang zu den inneren Bereichen bekommen könnten, weshalb viele Menschen Angst haben vor ihrem eigenen Selbst. Ich hatte auch solche Warnungen gehört, ehe ich entdeckte, dass das völlig unnötig ist. Gerade durch den Leistungssport habe ich gelernt, mich selbst in einem so hohen Maße zu beeinflussen, wie ich das nie für möglich gehalten hatte. Inzwischen bestätigen wissenschaftliche Institute diese Erfahrungen. Die neuesten sind aus der Abteilung für biomedizinische Technik des Lerner Institutes in Cleveland, Ohio, wo in Versuchen mit mentalen Vorstellungen ein Wachstum der Muskelkraft von bis zu 13.5% erreicht wurde. Dort wird es inzwischen gezielt in der Rehabilitation eingesetzt.

Wie aus dem Erfahrungsbericht hervorgeht, beeinflussen Gedanken und Vorstellungen den Körper, befähigen ihn zu größeren Leistungen. Es geht ebenfalls daraus hervor, dass Gedanken und Vorstellungen unsere äußere Wirklichkeit beeinflussen, wie wir bei meinem Parkplatzwunsch gesehen haben. Gedanken sind Kräfte, mit denen wir gestalten, uns selbst, unsere Fähigkeiten und die äußere Wirklichkeit. Es fällt vor allem uns Älteren schwer das zu akzeptieren. Alles, was in unserem Leben passiert ist, ist unbewusst von uns selbst in Existenz gebracht worden. Wäre uns das bekannt gewesen, hätten wir vieles anders gestaltet. Doch von jetzt an können wir unsere Gedanken und Vorstellungen so lenken, dass sie Ergebnisse hervorbringen, die für uns und nicht gegen uns wirken. Jüngere Menschen gehen inzwischen mit den mentalen Möglichkeiten ganz selbstverständlich um. Sie erschaffen gezielt ihre eigene Wirklichkeit, sie gestalten sich und ihr Umfeld mehr oder weniger erfolgreich selbst. Was einen Durchschnittsmenschen von einem erfolgreichen Menschen unterscheidet, ist nur das Wissen darum, wie man sich selbst zum Handeln motivieren kann. Der eine sieht sich als Opfer der Umstände, der andere weiß, dass er selbst die Ursache ist und denkt konstruktiv.

Ich wiederhole noch einmal kurz die Stationen, die ich für dieses Buch ausgewählt habe. In meinem Erfahrungsbericht schildere ich die einzelnen Möglichkeiten:

1. den Einfluss von Vorstellungen auf die äußere Wirklichkeit im *Erschaffen* eines Parkplatzes,

2. die *Vorplanung eines Tages* im Ablauf eines Schießtages mit Anreise,

3. das *Voraushandeln* in der Vorstellung, um sich das Leben zu erleichtern beim Renovieren.
   Indem ich Schießabläufe in der Vorstellung schildere, mache ich deutlich, wie

4. *Fähigkeiten* erlernt und gefestigt werden, indem wir so tun, **als ob es schon so sei.**

5. Die Schilderungen vom *Erfassen von Informationen,* auch über Entfernungen, und

6. als *Vorauswissen von Zukünften,* führt ein in den Bereich der Intuition, die sich verstärkt, je häufiger wir die inneren Ebenen anwenden.

Ich habe hier einen Ausschnitt meiner Erfahrungen geschildert und in Form von kurzen Merksätzen die Schlüsse dargelegt, die ich daraus gezogen habe. Jeder einzelne Mensch hat aber seinen ganz eigenen Weg, sein Leben zu gestalten, und sich der Abläufe im Inneren bewusst zu werden. Die beschriebenen Stationen sind daher nur Möglichkeiten. Sie müssen keinesfalls in dieser Form auch bei dir so ablaufen. Dein Weg kann ganz anders aussehen. Vielleicht gibt dir dieses Buch Anregungen, das eine oder andere auszuprobieren und in deinen eigenen Weg einzubauen.

Ich will die Aussagen meines Erfahrungsberichtes noch einmal kurz zusammenfassen und ordne sie in einen größeren Kontext. Er führt ein in die weiteren Teile des Buches mit den später gemachten Erfahrungen und Erkenntnissen: Wie aus meinem Erlebnisbericht hervorgeht, sind Gedanken Kräfte, die etwas bewirken. Gedanken sind von Bildern und Gefühlen begleitet. Wir denken unausgesetzt, und vereinfacht ausgedrückt arbeitet unser Inneres dabei so ähnlich wie ein Computer, dem wir etwas eingeben. Wir sagen ihm fortwährend, was wir tun und lassen wollen. Indem wir im inneren Selbstgespräch ständig mit uns sprechen, setzen wir Handlungsimpulse. Jede Vorstellung und jeder Satz haben eine bestimmte Absicht, die ganz automatisch über die Hormone den entsprechenden Bereich in Gehirn und Körper aktiviert. Sie verändern die Körperhaltung, die Mimik und Gestik unmittelbar und geben Handlungsimpulse.

Rückschließend können wir annehmen, dass jede Handlung ihre geistige Vorbereitung in Form von Worten, Bildern und Gefühlen hat.

Das läuft meistens völlig unbewusst in uns ab. Oftmals ausgeführte, gleichförmige Handlungen werden zu erlernten Mustern, die Wort, Bild und Gefühl beinhalten. Diese unsichtbaren Vorstufen wirken sich im Körpersystem so aus, dass sie als Potenziale erinnert werden. Ich schließe das daraus, dass ich mit überwiegendem Training in der Vorstellung keinen Leistungseinbruch hatte, sondern sogar noch besser geschossen habe als vorher. Auch in der Vorstellung ausgeübte Handlungsabläufe werden erlernt, als Muster gespeichert, und über die Absicht angesteuert. Für mich etwas beunruhigend und zum damaligen Zeitpunkt noch nicht einzuordnen war, dass sie sich auch über den Körper hinaus auswirken, wie ich am Beispiel des Parkplatzwunsches aufgezeigt habe. Ich musste akzeptieren, dass Gedanken und Gefühlskräfte die äußere Wirklichkeit gestalten.

Die Erkenntnissätze, die ich in meinem Erfahrungsbericht herausgehoben habe, sind mir zu dem Zeitpunkt, an dem sie in meinem Bericht erscheinen, nicht immer so klar gewesen, wie es hier vielleicht den Anschein hat. Ich habe sie im Text dazu geordnet, um es für dich einfacher zu machen, als es für mich war. Auf mich kamen ständig neue Phänomene zu, so dass ich keine Zeit hatte, zu hinterfragen, in welchem Maße ich auf meine Wirklichkeit Einfluss habe, wie die Mechanismen sind, und welche Konsequenzen sich daraus ergeben. So richtig bewusst wurde es mir erst, als ich Jahre später „Zufälle" auf ihre Zufälligkeit hin untersuchte.

Während ich mir alle diese unerklärlichen Phänomene begreiflich zu machen versuchte, wurde mir die andere Seite des obigen Prinzips deutlich, wonach wir mit unseren Gedanken und Gefühlen die Wirklichkeit erschaffen: Ich investierte viel Zeit, um Zusammenhänge zu erkennen, und wunderte mich, dass ich immer dann, wenn ich mit einem Heureka-Gefühl eine für mich ganz wesentliche Erkenntnis gewonnen hatte, einige Zeit später ein Buch fand, in dem genau diese Einsicht schon ausführlich beschrieben war. Ich rätselte herum, wie das möglich ist und war zunehmend wütend darüber, dass mir das Buch nicht schon früher begegnete. Es hätte mir doch so viel Zeit erspart. Ich erkannte, dass ich dadurch die Prinzipien der Wirklichkeitsgestaltung auf andere Weise bestätigt bekam, denn:

Was innen ist, das ist auch außen.

Ich konnte entsprechende Bücher in der äußeren Wirklichkeit erst finden, wenn ich mir das, was darin steht, im Inneren schon bewusst gemacht oder wenigstens danach gefragt hatte. Seither weiß ich, dass jeder Mensch seinen eigenen, von innen gesteuerten Rhythmus hat, mit dem er Erkenntnisse gewinnt. Oft zweifeln wir und sagen: „Ich sollte doch schon ...", oder „Mache ich das auch richtig?", doch das ist nicht nötig.

Ich erkannte im Laufe von Jahren, dass wir immer genau am richtigen Platz sind, um genau das zu lernen, was ansteht. Wenn wir darauf vertrauen, dann sind wir locker und entspannt, und die Impulse von innen und die Gelegenheiten im Außen können leichter wahrgenommen werden. Jeder von uns hat ein optimales Potenzial in sich, das uns zu einem erfüllten Leben befähigt. Wir sollten es erkennen und im Außen umsetzen. Ich komme später noch einmal darauf zurück.

Achte auf deine Gedanken,
denn sie werden Worte.

Achte auf deine Worte,
denn sie werden Handlungen.

Achte auf deine Handlungen,
denn sie werden Gewohnheiten.

Achte auf deine Gewohnheiten,
denn sie werden dein Charakter.

Achte auf deinen Charakter,
denn er wird dein Schicksal.

Talmud

Teil II

Ergänzungen zum Leistungssport, mentale Kräfte aktivieren und Beispiele, wie Ziele des täglichen Lebens erreicht werden.

Anfangs möchte ich weitere Möglichkeiten aufzeigen, mit denen wir im Leistungssport größere Erfolge erzielen können, indem wir uns etwas vorstellen. Dabei will ich zunächst kurz meine eigenen Erfahrungen erweitern, um dich auf die im wahrsten Sinne des Wortes phantastischen Möglichkeiten einzustimmen. Daneben gebe ich Anregungen für diverse Sportarten, die ich zum Teil in anderen Büchern gelesen habe. Auch wenn du sportlich nicht übermäßig interessiert bist, solltest du diesen Teil wenigstens kurz quer lesen. Er enthält Vorschläge und Anregungen, die sich auf das tägliche Leben übertragen lassen und dein Leben einfacher und leichter machen. Danach zeige ich auf, wie wir mit unseren mentalen Kräften bisher umgehen. Erst wenn wir wissen, was wir bisher übersehen haben, können wir etwas ändern, können die Kräfte aktivieren und ökonomischer, effektiver einsetzen, um Ziele zu erreichen oder aus Problemen herauszuhelfen. Dahinter sind Beispiele aus dem beruflichen Bereich meiner Klienten/ Innen und Seminarteilnehmer/ Innen. Sie sollen dir Mut machen, dein Leben selbst in die Hand zu nehmen und dir deine ideale Realität zu erschaffen.

Mentales Training in anderen Sportarten

So wie ich auf der Vorstellungsebene mental trainiert habe, kann das jeder andere Sportler in seiner Sportart auch, egal ob Tennis, Skifahren, Golf, Turnen, Tanzen oder jede andere Lauf-, Sprung- oder Hebesportart. Hier füge ich noch einige Vorschläge an, die ich selbst beim Schießen ausprobiert habe. Auch wenn du beim Lesen meinst: „Jetzt spinnt sie aber total!" oder „Jetzt ist sie völlig durchgeknallt!", lass es einfach stehen, wenn du es nicht glauben kannst und lies weiter. Mir ging das genauso im Anfang. Bilde dir erst ein Urteil, wenn du das Buch gelesen und schon das eine oder andere ausprobiert hast.

Alle Vorstellungen haben einen Einfluss auf den Körper, auch wenn sich das unwahrscheinlich anhört. Selbst völlig absurd anmutende Vorstellungen wirken sich aus, wenn wir uns die entsprechende Sensibilität erarbeitet haben, das heißt, dass wir gut spüren können, wie Knochen, Muskeln, Sehnen und Bänder funktionieren. Diese innere, körperliche Aufmerksamkeit ist allerdings für einen Leistungssportler völlig normal, für mich war es jedenfalls so. Sportlern fallen nachfolgende Anregungen sicherlich leichter als noch untrainierten Menschen, die sich ihres Körpers noch wenig bewusst sind. Auch wenn du zu den weniger Trainierten gehörst, solltest du mehr als nur einen Versuch wagen. Probier es aus, du solltest solche erweiterten Visualisierungen wenigstens einmal testen und zwar nicht nur im Sport, sondern vor allem im täglichen Leben.

Hier also meine eigenen Erfahrungen mit „spinnerten" Vorstellungen und wie ich darauf gekommen bin. Sie haben ganz erheblich dazu beigetragen, meine Leistungen zu steigern und beizubehalten: Für mich als Frau war es nicht einfach, beim Präzisions-Schießen die schwere Pistole am ausgestreckten Arm ruhig zu halten. Ich versuchte es zunächst mit einem Trick, der uns beigebracht worden war. Wir sollten oben über der Scheibe beginnen und dann mit dem Arm von oben kommend ganz langsam herunterfahren. Am oberen Scheibenrand schon sollten wir beginnen am Abzug zu ziehen, dann langsam tiefer gehen und wenn die Mitte vorbeikommt, den Schuss lösen. Ich probierte das eine ganze Weile aus und es führte tatsächlich zu besseren Ergebnissen. Man schießt dabei aus der Bewegung heraus, wodurch der Arm weniger zittern kann. Ich erkläre das so ausführlich, weil mein Augenmerk dadurch eher nach oben gerichtet war.

○ *Ich kam auf die Idee, mir oben an der Decke einen Haken mit Seil und einer herabhängenden Schlinge zu imaginieren. Statt aus der Bewegung heraus zu schießen, legte ich jetzt in der Vorstellung von oben kommend den Arm mit der Pistole in diese Schlinge. Nun hatte ich Zeit, ganz ruhig den Schuss zu lösen. Die Pistole war durch diese Imagination wesentlich leichter, sie lag ja in der Schlinge, und ich konnte sie sehr lange bewegungslos in der Mitte halten.*

Das hört sich verrückt an und setzt unsere physikalischen Gesetze außer Kraft, aber du kannst es selbst ausprobieren. Unsere Erwartungen wirken sich auf den Körper aus. Wir hatten im MC-Seminar eine Übung gemacht, bei der uns suggeriert wurde, eine Hand ganz leicht werden zu lassen. Meine Hand lag locker auf dem Oberschenkel während uns die Trainerin immer wieder einredete: „Die Hand wird ganz leicht, du spürst es ganz deutlich". Meine Finger begannen ganz sachte zu vibrieren. Ich starrte weiter auf meine Hand und beobachtete fasziniert, wie sich die Finger, einer nach dem anderen, dann die ganze Hand, immer mehr abhob. Sie schien völlig losgelöst von mir ein Eigenleben zu führen. Das war ein sehr einschneidendes Erlebnis und nichts war mehr so wie vorher. Jetzt hatte ich diese Erfahrungen auf den Leistungssport übertragen und abgeändert nach meinen Bedürfnissen.

Eine ähnliche Vorstellung half mir bei der Disziplin **Duell** die höchstmöglichen Ergebnisse zu erzielen. Die Schützen stehen beim Duell-Schießen mit ausgestrecktem Arm in Ausgangsposition, aber abgesenkt auf einen 45°-Winkel. Dann dreht sich die Scheibe, der Arm schnellt hoch, und innerhalb von 3 Sekunden muss der Schuss fallen. Die Scheibe dreht sich weg, der Arm wird abgesenkt. Die schwere Pistole wird für die folgenden 7 Sekunden in diesem 45°-Winkel gehalten. Bei fünf Schüssen hintereinander ist das sehr anstrengend, und ich begann zu zittern.

○

Ich benutzte daher in meiner Vorstellung wieder die an einem Seil herabhängende Schlinge, ließ sie aber für diese Disziplin über eine Rolle, beziehungsweise einen Flaschenzug an der Decke laufen. Der Arm lag ruhig in dieser Schlinge. Wenn die Scheibe sich herdrehte, zog ich in der Vorstellung am Seil, und ganz leicht kam der Arm in Schießposition. Das Gewicht war subjektiv geringer. Der Arm ließ sich jetzt viel leichter aus der 45^0- Position nach oben bewegen. Das Auf und Ab war wesentlich einfacher. Mir brachte es ganze Serien von Zehnern und damit Höchstleistungen. Mehrfach schoss ich 300 von 300 möglichen Ringen, die ich vorher kaum erreicht hatte. Mit dieser Vorstellungsübung waren die 290 von 300 Ringen möglich geworden.

Heute, nach über 20 Jahren, sind solche Ergebnisse völlig normal geworden. Material und Schützen verbessern sich ständig, wahrscheinlich werden auch zunehmend mentale Fähigkeiten eingesetzt. Dazu möchte ich ein Erlebnis aus einem Seminar „Mentales Training für Schützen" anfügen: Einer der Teilnehmer berichtete mir, dass ein Gewehrschütze seines Vereins plötzlich mit sehr guten Leistungen glänzte. Als man ihn befragte, wie er denn zu den hohen Ergebnissen komme, habe er scherzend erklärt, er lehne sich an. Vielleicht war er von selbst auf diese sehr effektive Idee verfallen, seine Leistung zu verbessern. Man hat ihn natürlich belächelt und ihm nicht geglaubt. Meinem Teilnehmer jedoch war klar geworden, was der Schütze gemacht hatte.

○

Es ist durchaus möglich, sich vorzustellen, dass man sich an einen Balken oder eine Wand anlehnt. Der Körper hält die Vorstellung für Wirklichkeit, man steht viel ruhiger und schießt daher besser.

Viele Menschen benutzen schon immer solche kleinen, imaginären Tricks, nur reden sie nicht darüber, weil sie befürchten müssen, von anderen ausgelacht zu werden. Unsere rationale Welt, die sich nur an dem orientiert, was man sehen kann, war unbarmherzig und ist es oft noch immer. Auch ich habe mich vor 20 Jahren nicht getraut zuzugeben, was ich mit Vorstellungen erreicht habe, und ganz gewiss nicht, ein Buch darüber zu schreiben. Zum Glück hat sich in dieser Hinsicht viel geändert. Vor allem junge Menschen experimentieren ganz offen mit diesen Möglichkeiten. Sie haben es viel leichter als wir Älteren. Sie lernen, wie wir funktionieren, auch und gerade durch den Leistungssport. Es wird zur Normalität, mentale Techniken anzuwenden, um bestimmte Ziele zu erreichen.

Ich möchte hier kurz auf den Unterschied zwischen wünschen und bestellen oder wählen eingehen: Ein Wunsch ist etwas, was ich nicht habe. Eine Bestellung oder Wahl ist etwas, das schon vorhanden ist und in meine Wirklichkeit eintritt, weil ich glaube, dass es schon da ist. Wenn ich so tue, **als ob es schon so sei**, als hätte ich es schon oder könnte es schon, dann glaube ich, dass es schon so ist. Das ist kein Wunsch mehr, sondern eine Wahl, und das ist ein großer Unterschied. Die mögliche Zukunft wird in die Gegenwart geholt, und da ist die Kraft. Leistungsfähigkeit ist in erster Linie Glaubensüberzeugung. Im Sport wird das deutlich. Wenn zum Beispiel ein Sportler in seiner Sparte einen neuen Rekord aufgestellt hat, egal ob durch Verbesserung des Materials oder durch mentale Fähigkeiten, dann können es plötzlich andere auch. Sie können es aber nur, weil sie glauben, dass die Leistung möglich ist. Sie haben ein Vorbild, deshalb können sie es. Nachdem ich es vorgemacht hatte, schaffte es eine andere Schützin auch, sie wurde ebenso Württembergische Meisterin in beiden Bogen-Disziplinen. Mir hatte man im Vorjahr noch Doping nachgesagt, doch jetzt war es normal. Ich war Vorbild.

Auf ein Phänomen möchte ich hinweisen, das mir sehr geholfen hat zu verstehen, was Beschränkung der Möglichkeiten heißt. Es wird in Büchern und Seminaren häufig angeführt. Es zeigt auf, in welchem Maße unsere wissenschaftliche, sich am Beweisbaren, Wiederholbaren orientierende Sicht der Welt zu Überzeugungen führt, die uns sehr einengen. Für die Gebiete der Materie ist sie nützlich. Doch denke ich, dass sie auch hier, doch ganz besonders im Bereich der lebenden Strukturen erweitert werden sollte.

Eine Hummel hat im Verhältnis zu ihrer Größe viel zu kleine Flügelflächen. Nach den Gesetzen der Aerodynamik kann sie damit nicht fliegen. Nur weiß sie es nicht und fliegt trotzdem.

Jede Medaille hat zwei Seiten. Auch wir sollten viel mehr für möglich halten, als bisher. Es kann uns zu höheren Leistungen im Sport befähigen und uns helfen, das tägliche Leben ganz wesentlich zu erleichtern. Unsere subjektive Wirklichkeit ist in hohem Maße beeinflussbar von der Kraft unseres Geistes. Ich führe nachfolgend Beispiele aus dem Sport an, die dich anregen mögen eigene Versuche zu wagen, selbst kreativ zu werden, etwas Neues auszuprobieren und deine eigene Wirklichkeit zu erweitern. Du wirst sehen, dass diese Anregungen nicht nur im Sport hilfreich sind, sondern auf das tägliche Leben übertragen werden können. Sie helfen uns das, was wir gerade tun, einfacher zu machen.

○

*Uns allen ist der **Ski-Rennläufer** vertraut, der oben kurz vor seinem Lauf in der Vorstellung noch einmal ganz schnell die gesamte Strecke abfährt, wie an den Bewegungen des Kopfes zu sehen ist, eine Übung, die er sicherlich oft genug im Trainingslager durchgeführt hat. Er lernt dabei seine Strecke auswendig und gibt gleichzeitig Aktionsimpulse an seine Muskulatur, die ebenso im System gespeichert werden, wie wenn er in diesem Moment aktiv den Berg hinunterrasen würde. Das Ergebnis ist bessere Leistungsfähigkeit. Wie ich aus meinen Schießübungen weiß, werden selbst Fehler auf der inneren Ebene fühlbar, die man in der Vorstellung sogar noch* *leichter korrigieren kann, als im aktiven Tun: Er kann mitten im Lauf abbrechen, was in der Wirklichkeit nicht möglich ist. Er kann sich sogar vorstellen, den Film, den er da entwickelt, rückwärts laufen zu lassen und von vorn zu beginnen. Ein Rennläufer kann damit wesentlich schneller lernen, sauber und korrekt die Abfahrt hinunter zu fahren, als wenn er alle diese Rennen in der Wirklichkeit absolvieren würde. Sie dauern ja, im Gegensatz zum aktiven Fahren, wo er mit jeweils mehreren Minuten Fahrtdauer enorm viel Kraft und Material verbraucht, nur Sekunden. In der Simulation kann er diese Kraft sparen, und trainiert trotzdem. Das Maß ist dabei nur die Fähigkeit, sich detailgetreu jede einzelne Aktion vorstellen zu können.*

*Visualisiert der **Rennläufer** dabei seine Abfahrt nur genau so, als fahre er sie in der Wirklichkeit, dann werden auch nur diese Aktionsimpulse in seinem System gespeichert. Sie werden begrenzt auf das, was er glaubt. Anders ist es bei den erweiterten Möglichkeiten: Er könnte Vorstellungen einsetzen, mit denen er sich über die bisher akzeptierten, physikalischen Gegebenheiten hinauswagt, so wie ich das mit dem Haken an der Decke gemacht habe. Der Körper reagiert auch in diesem Fall auf die Vorstellungen, und speichert erweiterte Ergebnisse zumindest als Möglichkeit im System. Das sind Aktionsimpulse, die in Zukunft die Leistung hervorbringen, die in der Imagination eingeübt wurden. Das Maß dafür ist die Fähigkeit, sich auch solche unwirklichen Dinge vorstellen zu können, und der Glaube an sich selbst.*

*Stellt sich zum Beispiel ein **Skiläufer** vor, dass er bei notwendigen Sprüngen auf der Abfahrt an einem Fallschirm hängt, wird er subjektiv leichter und wird weiter springen.*

Auf geraden Abfahrtsstrecken könnte er sich schmaler und windschnittiger denken und dadurch den Luftwiderstand verringern.

*Ein **Slalomläufer** könnte sich die Kufen seiner Ski glühend vorstellen und damit die Kurven enger fahren, um schneller zu werden.*

Vielleicht helfen diese erweiterten Vorstellungen auch nur dazu, unseren Glauben an höhere Leistung zu festigen, auch wenn wir dafür noch kein Vorbild haben. Irgend jemand muss ja den Anfang machen. Da ich selbst noch nie Rennen gefahren bin und den Leistungssport längst verlassen habe, können diese Anregungen nur Hilfen sein, dir leistungssteigernde Hilfsmittel auszudenken. Jeder Sportler sollte für sich prüfen, ob sie zu besseren Ergebnissen führen. Sicherlich spielen die geistigen Fähigkeiten in Zukunft eine immer größere Rolle und entscheiden über Sieg oder Niederlage.

*Ein **Skispringer** könnte sich vorstellen, dass er z.b. an einem Gleitschirm hängt und durch den Aufwind weiter getragen wird. Er könnte sich auch vorstellen, auf der Rampe schwerer zu sein mit Füßen aus Blei, um im Moment des Absprungs von der Schanze leicht wie Styropor zu werden und dadurch weiter zu fliegen. Die subjektive Verkleinerung seiner Gestalt wäre eine weitere Möglichkeit, mit der er seine Leistung steigern kann, denn damit wären seine Ski größer.*

Es gibt keine Grenzen auf dem Sektor der Vorstellung, sie wirken sich alle aus. Soweit ich gehört habe, wird die Vorstellung von Styropor von vielen **Gewichthebern** benutzt. Wahrscheinlich würden sie diese unglaublichen Gewichte nie bewältigen, wenn sie sich nicht Hilfsmittel im Geistigen schaffen würden.

*Auch für **Springer** jeder Art ist es hilfreich, sich selbst mittels Styropor leichter zu denken. Im Moment des Absprungs sollte er sich verwandeln, um dann leicht wie eine Feder über die Weite/ Höhe zu fliegen.*

Hierbei wird ein weiteres Phänomen deutlich, es tritt eine Zeitverzögerung ein, denn eine Feder sinkt langsamer zur Erde als eine Eisenkugel. Es ist die Macht der Vorstellung, die das subjektive Empfinden von Zeit ausmacht, nicht die Zeit selbst. Wir wissen das alles und haben schon selbst erlebt, wie langsam die Zeit vergeht, wenn wir im Nieselregen irgendwo an einer Litfasssäule auf eine Freundin warten. Die Zeit scheint still zu stehen. Plaudern wir hingegen nur eine halbe Stunde in einem gemütlichen Lokal, dann vergeht die Zeit wie im Fluge. Wenn wir dieses Wissen einsetzen, können wir unliebsame Situationen beschleunigen und angenehme sehr langsam machen.

*Für den Sportler ergeben sich daraus ungeahnte Möglichkeiten. Ein **Tennisspieler** könnte sich zum Beispiel den auf sich zu fliegenden Ball subjektiv so weit verlangsamen, dass er genügend Zeit hat, sich in die Richtung des Aufpralls zu bewegen.*

Doch kommen wir zurück zum Gewicht und dessen Veränderung.

☺ Du kannst es zu Hause selbst ausprobieren mit Sprudelkästen oder schweren Einkäufen. Stell dir vor, sie seien aus Styropor und sie werden subjektiv leichter.

Das Leben soll nicht ernst und schwer sein. Wir haben nur nicht mehr gewusst, wie wir es uns leichter machen können.

*Zurück zum Sport. Ein **Stabhochspringer** kann verschiedene Details kombinieren. Er kann sich leichter denken mittels Styropor oder einer Feder. Er kann sich auch einen Flaschenzug oder einen Kran vorstellen, der ihn im Sprung hochzieht und damit größere Höhen überwinden lässt.*

Ein **Weitspringer** könnte sich vorstellen, ein Frosch oder ein Floh zu sein, die es immerhin fertig bringen, ein Vielfaches ihrer Größe an Höhe und Weite zu überwinden.

Er könnte sich vorstellen, das Absprungbrett sei ein Trampolin, das ihn in die Höhe schleudert, oder als Abschussrampe - im Moment des Betretens zünde eine Rakete, an deren Spitze er sich befindet.

Auch für **Läufer** gibt es unzählige Möglichkeiten, durch die Macht der Vorstellung die Leistung zu steigern.

Ein **Sprinter** könnte sich vorstellen, in eine Zwille eingespannt zu sein, die mit dem Schuss ausgelöst wird und ihn vorwärts schnellen lässt.

Langstreckenläufer können sich vorstellen, von einer großen Hand geschoben zu werden.

Rückenwind während des Laufes wäre auch hilfreich, also stelle er sich vor, dass ein großes Gesicht mit aufgeblasenen Backen ihm in den Rücken bläst und die Geschwindigkeit steigert.

Sich windschnittiger und schmaler zu denken, ist ebenso möglich.

Ein **Läufer** könnte seine Beine im Verhältnis zu seiner Körpergröße verlängern, und damit die Schrittlänge vergrößern.

Auch wenn er im Stadion läuft, kann er sich vorstellen er sei mitten im Wald, wo dicht belaubte Bäume sehr viel mehr Sauerstoff abgeben, als im Sportstadion vorhanden ist. Sein Atemvolumen wird sich noch mehr erweitern.

Die aufgezählten Anregungen lassen sich kombinieren zu verschiedensten Möglichkeiten. Fühlst du dich ermuntert, selbst kreativ zu werden? Dann finde heraus, was für dich funktioniert und ein gutes Gefühl vermittelt, nicht nur im Sport, sondern im täglichen Leben. Wenn du das nächste Mal Treppen steigen musst oder hohe Berge erkletterst, dann stell dir vor, du wärest aus Styropor oder würdest von hinten geschoben, du steigst viel gelöster. Wann immer du mehr Luft brauchst, stell dir vor, du wärest im Wald. Es macht unendlich viel Freude, sich sein Leben einfacher zu gestalten. Es ist ganz leicht. Erschaffe dir in der Vorstellung entsprechende Hilfsmittel, sie werden auf deinen Körper einwirken, deine Leistungsfähigkeit steigern und dein Allgemeinbefinden verbessern. Wie weit diese Beeinflussbarkeit geht, in welchem Maße sich Vorstellungen auf den Menschen auswirken, zeige ich an einigen Beispielen, die wir als unglaublich einstufen würden.

Über Glasscherben gehen.

Vor einiger Zeit wurde berichtet, dass eine ganze Fußball-Mannschaft darin trainiert wurde, über einen großen Haufen Glasscherben zu laufen, ohne sich zu verletzen. Sie lernten in ihren inneren Bildern diese Glasscherben als glatt, rund, stumpf und somit als völlig harmlos zu imaginieren. Der Körper hält diese Vorstellung für wahr und reagiert darauf, die Fußballer blieben unverletzt. Dass sich diese Fähigkeiten nicht sofort in Siege umsetzen ließen, hat mit mangelnder Übung zu tun. Das Vertrauen in die eigenen, gestalterischen Kräfte lässt sich nicht innerhalb von Monaten aufbauen, das braucht unter Umständen Jahre. An der Methode selbst kann es nicht liegen, denn fernöstliche Gurus benutzen schon seit Jahrhunderten Glasscherben, um die Kraft ihrer mentalen Fähigkeiten zu testen und einem höheren Ziel zu dienen. Sie haben diese völlig andere Wirklichkeitsauffassung, die wir jetzt auch allmählich wieder entdecken.

Manager laufen heute in sehr teuren Kursen über glühende Kohlen. Solches Tun mag sich völlig unsinnig anhören, die Auswirkungen sind jedoch erheblich. Ich habe das selbst einmal ausprobiert. Es ist ein erhebendes Gefühl, vier Meter durch knöcheltiefe Glut gelaufen zu sein. Bei diesem Seminar waren auch Menschen, die nichts von den Hintergründen wissen, die auch noch nie autogenes Training oder überhaupt ein Entspannungstraining gemacht hatten. Sie lernten innerhalb weniger Stunden die Macht der eigenen

Einstellungen und ihre Wirkung auf den Körper kennen. Die Suggestionen lauten je nach Trainer unterschiedlich. Wir wurden gefragt, wofür wir durchs Feuer gehen. Für mich war das eine sehr starke Motivation. Andere Trainer bringen den Teilnehmern bei, sich einfach nur vorzustellen, dass sie über eine grüne, feuchte Wiese gehen, während sie in Wirklichkeit barfuss über glühende Kohlen laufen. Das Bild von grünem Gras halten Gehirn und Körpersystem für Wirklichkeit, und folglich bleibt der Mensch unverletzt. Die Vorstellung von frischem, kühlen Gras und der Glaube, dass es funktioniert, reichen aus, um die bisherige Einstellung loszulassen, dass man sich die Füße verbrennen muss. Wahrscheinlich hat es der Trainer auch vorgemacht. Somit war ein Vorbild da, das beweist, dass man keinen Schaden nimmt. Später reicht dann nur allein dieses Wissen, dass die Glut nichts ausmacht. Primitive Völker gehen während eines religiösen Rituals jährlich einmal durchs Feuer, ohne Schaden zu nehmen. Ein Mensch, der so etwas erlebt, weiß sofort, dass viel mehr möglich ist als er bisher glaubte. Er befreit sich unmittelbar von Überzeugungen der alten Medizin. Er hält jetzt auch ganz andere Dinge für möglich, weil er weiß, wie er funktioniert. Es stärkt ganz erheblich sein Selbstbewusstsein und seine Eigenmacht. Diese werden sich dann irgendwann zu mehr Erfolg umsetzen lassen, zumindest ist das die Absicht der Firmen, die solche Trainings veranstalten. Leider werden solche Bestrebungen von den Medien durch Kritik und Suche nach Beweisbarkeit oft wieder zunichte gemacht. Der Fußballmannschaft ist es auch nicht gelungen auf Anhieb alle ihre alten Überzeugungen hinter sich zu lassen, was aber nicht heißt, dass mentales Training nicht wirkt.

Ein kleines Erlebnis möchte ich hier anfügen, das mich sehr in Erstaunen versetzte. Während meines Kunststudiums sollte ich bei einem unserer Modelle etwas abholen. Sie öffnete die Tür mit den Worten: „Einen Moment, ich bin gleich soweit." Ich folgte ihr in die Küche, wo sie gerade Nudeln ins kochende Wasser schüttete, dann mit ihrem Zeigefinger hineintauchte und die Nudeln umrührte. Mir wurde ganz übel bei dem Anblick. Als ich fragte, wieso sie sich dabei nicht verbrenne, antwortete sie: „Ich weiß doch, dass das Wasser kochend heiß ist. Ich kann mich doch darauf einstellen!" Für sie war das völlig normal. Damals erschien sie mir wie ein Weltwunder. Heute weiß ich, was sie machte. Der Körper kann zu unglaublichen Fähigkeiten gebracht werden.

Mentale Kräfte aktivieren

Nach diesem Ausflug in den Bereich der Möglichkeiten, mit mentalen Kräften auf unseren Körper und unsere Umwelt einzuwirken - die Extreme eingeschlossen -, möchte ich mich der Kraft selbst zuwenden. Ich verallgemeinere etwas, um deutlich zu machen, was wir bisher übersehen haben, weshalb unser Leben noch nicht so verläuft, wie wir das gerne hätten. Erst wenn wir wissen, was wir bisher getan haben, sind wir in der Lage neue Richtungen einzuschlagen.

Gedanken sind Kräfte,
Vorstellungen sind Kräfte,
die immer gekoppelt sind an Gefühle, daher: auch
Gefühle sind Kräfte.

Wir sollten wissen, wohin wir sie lenken. Wir sollten wissen, wie wir Kräfte sparen können. Wir sollten wissen, warum wir unter Umständen unsere Ziele unterminieren, ihnen entgegenarbeiten. Wir sollten wissen, wie wir unsere Kräfte, die uns jetzt zur Verfügung stehen, effektiver und ökonomischer einsetzen können. Wir sollten wissen, woher die Kraft kommt und wie wir zu dieser Quelle Zugang gewinnen, um mehr Energie für unsere Ziele – bis hin zu Lebenszielen - zur Verfügung zu haben. Ich stelle in den weiteren Teilen des Buches die Kräfte in den Vordergrund und die Ökonomie. Wie aus meinem Erlebnisbericht deutlich geworden ist, habe ich, bevor ich meine mentalen Kräfte für Ziele einsetzte, autogenes Training gemacht, mich verinnerlicht, Kontakt zu meinem Körper aufgenommen und meine Kräfte angereichert. Daher haben sich meine Ziele relativ rasch verwirklicht.

Hier noch einmal: Um Ziele zu erreichen im Sport, im Beruf oder im mitmenschlichen Bereich, müssen wir unsere Gedanken ausrichten und entsprechende Bilder dazu entwerfen. Ohne zielorientiertes Denken und Vorstellen ist Erfolg nicht möglich. Die Stärke der Kraft ist jedoch dafür verantwortlich, ob sich die Ziele schnell, langsam oder überhaupt nicht verwirklichen. Erfolgreiche Menschen investieren viel mentale Kraft, sie haben klare Vorstellungen und setzen sich Ziele. Ich hatte im Sport das Ziel, meine Leistung zu verbessern, und auszutesten, was ich meinem Körper alles suggerieren kann. Später verlagerten sich meine Ziele mehr und mehr auf die noch viel spannendere Frage nach den größeren Zusammenhängen. Ich wollte wissen, wie wir funktionieren. Diese Ziele strukturierten mein Leben, meine Erwartungen erfüllten sich. Ziele geben unseren Gedanken eine Stoßrichtung, sie bündeln die Energie.

Bedürfnisse und wie wir die Kräfte zerstreuen

Jedem unserer Ziele liegt ein Bedürfnis oder ein Wunsch zugrunde. Ich will es an einem ganz einfachen Beispiel aufzeigen: Wenn wir Hunger haben, dann ist da zunächst eine Wahrnehmung und eine Reaktion darauf. Da wird etwas erkannt, was verändert werden will. Da passiert eine ganze Menge, bis wir das als Hunger fühlen können und zu uns sagen: „Ich habe Hunger!" Dann kommt die Entscheidung und die Absicht folgt dann mit einem Bild oder den Worten:

„Jetzt werde ich mir etwas zu essen machen,
jetzt werde ich mir einen Kaffee kochen,
jetzt hole ich mir ein Vesper
oder jetzt fahre ich da und da hin,
um Essen zu gehen."

Wir sind am Ziel, wenn wir gegessen haben. Der Hunger ist gestillt. Alle diese Worte, die wir zu uns selbst sprechen, sind uns aber nicht bewusst. Dieses innere Selbstgespräch, das wir führen, kommt in erster Linie aus diesen unzähligen

Bedürfnissen, die wir Menschen haben. Auch diese bleiben meistens unbewusst, doch leiten sie unser Denken und darüber unser Handeln. Aus den Bedürfnissen jedoch erwachsen die Ziele, doch häufig sind auch diese ebenso wenig klar. Wir denken an dies und an das, malen uns aus, wie es sein könnte, und produzieren den ganzen Tag über unzählige Gedanken. Psychologen haben ausgetestet, dass jeder erwachsene Mensch am Tag zwischen 30000 und 50000 Gedanken denkt. Mit diesem unablässigen Strom von Gedanken ähnelt unser inneres Selbstgespräch einem Kassettenrecorder, der unaufhörlich Worte mit entsprechenden Vorstellungen reproduziert.

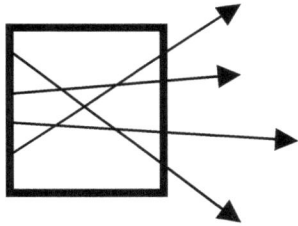

Vera F. Birkenbihl, eine bekannte, deutsche Managementtrainerin, erklärt die Funktion des Gehirns in ihrem Buch »Stroh im Kopf?« mit einer black box. Wir wissen nicht genau, was darin wirklich passiert. Doch wie wir gesehen haben, bewirken Gedanken mitsamt den begleitenden Bildern und Gefühlen etwas. Ihnen wohnt ein Energiepotenzial inne, ein kleines Kraftpaket, das ausgerichtet werden sollte. In der Grafik sind die Gedanken - als Pfeile dargestellt - nicht zielgerichtet. Die Energie wird ziellos verschwendet in verschiedene Richtungen. Sie bleibt allerdings nicht wirkungslos - ich erinnere an den Parkplatz, den ich mit Gedanken vorprogrammiert habe. Energie fließt in kleinen Teilen genau dahin, wo wir sie hingesandt haben einen Gedanken hierhin, ein Bild dorthin, das Wort dahin, alles gekoppelt an entsprechende Gefühle, 30 bis 50000 mal am Tag. Meistens bewerten wir uns oder andere, halten dies für gut, das für schlecht und lehnen es ab, wollen vieles anders haben als es ist. Alle diese Worte und Vorstellungen mitsamt den begleitenden Gefühlen sind Energiepakete. Sie kosten unsere Kraft, Energie, Lebenskraft.

Wenn du wissen willst, wohin deine mentalen Kräfte fließen, kannst du das mit folgender Übung leicht überprüfen.

☺ Nimm dir mehrere große Briefbögen, schau auf die Uhr oder stell dir einen Kurzzeitwecker für zehn Minuten und schreibe alle Gedanken auf, die in deinen Kopf kommen. Bitte zensiere und beurteile jetzt nicht, schreibe einfach alles auf.

....
....
....
....
....
....
....
....
....
....

Jetzt lies sie durch und mache dir deutlich, dass das alles Worte sind, die Kraft beinhalten. Sie wirken sich zunächst einmal in deinem Körper aus. Du weißt jetzt, wohin deine Kräfte fließen. Sie wirken sich aus über deine Haltung, Mimik und Gestik auf andere Menschen, die darauf reagieren. Darüber hinaus wirken sie sich aus auf dein Umfeld, sie erschaffen etwas, so wie ich mit meinen Gedanken einen Parkplatz kreiert habe.

Ich nehme an, dass auch du überrascht bist, was du dir in den zehn Minuten alles zusammendenkst, wohin du deine Kräfte sendest. Alle diese Gedanken erschaffen deine Wirklichkeit. Wenn du nach dieser Übung neugierig geworden bist und mehr von dem kennen lernen möchtest, was dein Kassettenrekorder den ganzen Tag über produziert, gibt es eine weitere Übung. Du kannst diesem inneren ständig ablaufenden Gedankenfluss zuhören.

Nicht identifizieren, Beobachter sein

Du solltest dabei mehrmals täglich ein paar Minuten lang einfach still werden und dir selbst zuhören. Ich bin ein visueller Mensch. Ich habe mir daher ein Laufband kreiert, wie es für die Werbung genutzt wird. Auf diesem konnte ich fortlaufend meine Gedanken lesen. Wenn du dir zuhörst, erfährst du sehr bald, mit welchen immer wiederkehrenden Gedankenmustern du dich motivierst oder demotivierst, deinem Körper Handlungsimpulse gibst und Gefühle hervorrufst. Ganz deutlich wird dir dabei eines:

> **Du und deine Gedanken sind zweierlei. Du bist
> nicht identisch mit deinen Gedanken,
> du bist mehr als deine Gedanken und Gefühle.
> Du kannst sie steuern.**

Du bist der Beobachter des Gedankenstromes. Du bist nicht deine Gedanken, nicht deine Vorstellungen und nicht deine Gefühle. Es ist wichtig, diesen Unterschied zu machen, denn daraus folgert, dass du dich auch mit den Inhalten deiner Gedanken und Gefühle nicht identifizieren solltest im Sinne von „Ich *bin* dies, ich *bin* das.' Statt zu sagen: „Ich *bin* traurig, ich *bin* krank!", sage besser, "Ich fühle mich traurig, ich fühle mich krank". Du hast als Beobachter sozusagen die Trauer oder das Symptom unter dem Arm und kannst sie leichter akzeptieren und verändern als wenn du und die Trauer oder die Krankheit identisch sind. Ich komme gleich noch einmal auf den Beobachter zurück.

Jetzt

Ein weiterer Aspekt, der uns viel Kraft kostet, ist der der Zeit. Wir denken unausgesetzt, nur haben unsere Gedanken häufig nichts mit dem zu tun, mit dem wir uns gerade beschäftigen. Oft denken wir über Dinge nach, die schon lange zurückliegen und der Vergangenheit angehören. Jetzt erschrecke bitte nicht, aber Vergangenheit existiert nicht wirklich, sie ist nur ein Konstrukt unseres Verstandes, diesem Kassettenrekorder. Ich will deutlich machen, wie wir Vergangenheit konstruieren:

Vergangenheit

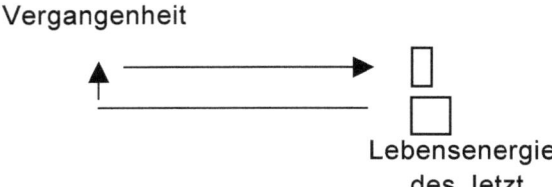

Lebensenergie
des Jetzt

Wir nehmen die Energie von heute, gehen in die Vergangenheit, holen ein Bild von dort und beleben es wieder. Wir bringen es ins Jetzt, es kostet unsere jetzige Energie. Wir betrachten es erneut mit den entsprechenden Gefühlen, alles mit der Energie von heute und nicht von damals. Das kostet sehr viel Kraft. In der Vergangenheit jedoch bringt sie uns nichts, die können wir nicht mehr ändern, und die Kräfte sind vergeudet. Sind es unangenehme Erinnerungen, Bilder, die wir lieber nicht noch einmal erleben wollen, dann schieben wir sie auch noch in die Zukunft und nennen es Besorgnis.

Doch mit der Zukunft ist es genauso. Auch sie hat keine eigene Energie. Wir gestalten auch sie mit der Energie des gegenwärtigen Moments und auch sie wirkt sich genau dort aus, wo wir sie hingesandt haben. Sie wird im Sinne einer sich selbst erfüllenden Prophezeiung wirklich. Nicht gleich, das kann unter Umständen Wochen dauern. Besorgnis ist Angst.

Hier ein kleines Beispiel, wie wir das machen: Bei Verspätungen unserer Kinder, die mit dem Auto unterwegs sind, neigen besonders wir Mütter dazu, häufig gleich das Schlimmste zu befürchten, wo sie doch nur ein wenig später aufgestanden sind, oder noch ein paar Freunde getroffen haben. Doch alle diese Ängste stärken genau das, was wir nicht wollen, nämlich die Unfallgefahr unserer Kinder. Gedanken in die Zukunft zu serden mit Besorgnis erregendem Inhalt ist riskant, denn sie könnten sich verwirklichen. Wir stärken unbewusst Situationen, die wir gewiss nicht wollen.

Vergangenheit   Zukunft
unangenehmes Bild   = Besorgnis

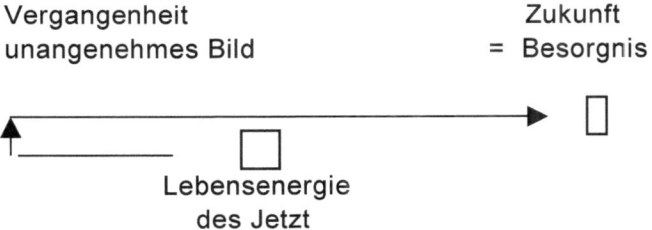

Lebensenergie
des Jetzt

Zeit ist nur ein Konstrukt unseres Verstandes, der sich wie ein Monster aufgebläht hat. Er dominiert unser Leben. Wir haben im allgemeinen keine Wahl mehr, zu denken oder nicht zu denken. Der Verstand produziert unausgesetzt Gedanken mit entsprechenden Gefühlen, mit denen wir uns identifizieren. Er lebt in Zeit und plagt uns damit. Wir sollten uns das ganz deutlich machen, denn die Konsequenzen daraus sind erheblich. Angst ist immer nur die Möglichkeit, in der Zukunft etwas Unangenehmes zu erleben. Nehmen wir die Zukunft heraus, dann hat die Angst keine Chance mehr. Ähnlich ist es mit der Schuld. Sie existiert nur über die Erinnerung des Verstandes an Vergangenheit. Nehmen wir die Zeit heraus - es gibt sie ja nicht wirklich -, dann hat auch die Schuld keine Kraft mehr. Was bleibt, wenn es keine Vergangenheit und Zukunft gibt? Nur die Gegenwart, das Jetzt. Im Jetzt existiert weder das eine noch das andere. Doch wie viele Gedanken investieren wir völlig unnötig hinein! Solange wir uns dessen nicht bewusst sind, unser Verstand völlig unbemerkt und automatisch Gedanken produziert, vergeuden wir Unmengen von Energie und Lebenskraft. Wir haben keine Reserven für konstruktive Dinge. Mir hat es geholfen mehr in die Gegenwart zu kommen. Es gibt nur das Jetzt. Nur jetzt können wir Gedanken denken, jetzt denken wir an Vergangenes, jetzt malen wir uns die Zukunft aus. Es gibt nur das Jetzt. Wenn wir uns diesen unsinnigen Automatismus des Verstandes einmal deutlich gemacht haben, sind wir eher bereit, unsere Gedanken mit einer der folgenden Übungen zu beruhigen.

Gedankenstrom verlangsamen, still werden

Du weißt jetzt, dass du Unmengen von Gedanken in Richtungen schickst, die sich mit dem, was du eigentlich willst, nämlich ein befriedigendes Leben zu führen, nicht vereinbaren lassen. Ich nehme an, dass es dir so geht wie mir. Ich entdeckte mehr Gedanken an Dinge, die ich nicht will, als an die, die mir gut tun. Meine Überlegung damals war, einfach weniger zu denken. Je weniger Gedanken wir denken desto weniger Kraft vergeuden und zerstreuen wir. Ich machte in Abständen immer wieder einmal die zehn-Minuten-Übung und schrieb meine Gedanken auf. Im Anfang waren es mehrere dicht vollgeschriebene Seiten. Im Laufe von Jahren beruhigte sich mein Gedankenstrom, ich schrieb oft nur noch eine halbe Seite. Daher möchte ich einige Methoden aufzeigen, die uns helfen, die Gedanken zu vermindern. Ich führe sie in der Reihenfolge auf, in denen ich sie ausprobiert habe.

1. Wenn wir uns voll dem Atem zuwenden und nur denken: „einatmen- und ausatmen", wird der Gedankenfluss gelenkt und beruhigt.

2. Eine andere Methode ist ein Mantra, mit dem wir diesen Automatismus der sich ständig wiederholenden Gedanken unterbrechen können. Ein Mantra ist ein oftmals heiliges Wort, das ununterbrochen laut oder leise vor sich hin gesprochen wird. Es lässt anderen Gedanken keinen Platz. Der Körper bekommt keine Impulse und kann sich entspannen.

3. Die Gedanken hören auch auf, wenn du mit deiner Aufmerksamkeit in deinem Körper bist. Denke was du tust. Ich habe beste Erfolge damit gehabt, ganz bewusst zu gehen. Ich richtete meine Aufmerksamkeit auf einen Fuß, spürte wie der Hacken aufkommt, und der Fuß über die Fußsohle abrollt. Ich machte jeden Schritt langsam und ganz aufmerksam. Für unbewusste Gedanken war dabei kein Platz.

4. Eine weitere Methode zur Beruhigung ist, die Lücke zwischen den Gedanken zu beachten und sie auszudehnen. Eine weise Frau, die schon eine Wahlmöglichkeit hat zwischen Denken und Nicht-Denken, machte mich darauf aufmerksam. Sie sagte: „Achte auf den Moment, wo ein Satz aufhört, dann verfolge ihn cahin, wohin er verschwindet. Lass diese Lücke, diese Spanne immer größer werden."

5. Eine weitere Methode habe ich schon angesprochen, den Beobachter. Doch will ich sie hier erweitern und deutlich machen, wie wir zur Quelle der Kraft finden, die wir täglich nutzen. Wenn wir unsere Gedanken beobachten, sind wir im Jetzt, in der Kraft der Gegenwärtigkeit. Wir identifizieren uns nicht mehr mit unseren Gedanken. Wir können beobachten, wie die Gedanken in unseren Verstand fließen und wieder verschwinden. Wir stehen etwas außerhalb, sind aber wach im Hier und Jetzt. Der Beobachters ist immer im Jetzt. Als Beobachter sind wir in Kontakt mit einer inneren Kraft. In dieser Gegenwärtigkeit ist die Quelle der Kraft. Wir sind nicht die Gedanken und wir sind nicht unser Verstand. Unser wahres Sein ist hinter den Gedanken in der Stille, wo der Verstand nicht anwesend ist. Ich hatte lange Zeit Widerstände dagegen aus Sorge, dass wir ohne den Verstand auf eine Stufe der Tiere zurückfallen. Doch Menschen, die schon eine Wahlmöglichkeit haben zwischen Denken und Stille haben, machen darauf aufmerksam, dass die Ausbildung des Verstandes lediglich ein Schritt gewesen sei in der Entwicklung des Bewusstseins, dass wir uns jetzt unbedingt darüber hinaus entwickeln sollten. Der Verstand könne sonst vernichtend sein, da er uns immer mehr begrenzt. Wir sollten uns

unbedingt mit dem Jetzt anfreunden, es pflegen, in die Stille kommen. Sie machen auch deutlich, dass das Denken dann einer tieferen Schicht erwachse mit unglaublicher Kreativität.

Solange wir noch keinen Zugang zu der inneren Quelle der Kraft im Jetzt haben, solange wir uns vom Verstand dominieren lassen, macht er uns glauben, dass die Energie, die uns zur Verfügung steht, begrenzt ist. Das ist sie nicht. Energie steht uns unbegrenzt zur Verfügung. Das Jetzt, in der der Verstand nicht überleben kann, - er lebt ja nur durch Vergangenheit und Zukunft – ist die Verbindung zu dieser Kraft.

Damit habe ich das ganze Spektrum aufgezeigt, wie wir unsere mentalen Kräfte bisher eingesetzt haben, was wir bisher übersehen haben, wie wir unsere Kraft zerstreuen, wie wir sie beruhigen können und wie wir zur Quelle der Kraft vorstoßen. Jetzt können wir uns dem zuwenden, was der Sinn dahinter war, was wir tun können, um sie zu aktivieren und sie effektiver und ökonomischer einzusetzen.

Zielorientiertes Vorstellen

Wenn wir nicht genug Kraft hinter ein Ziel setzen können, unsere Kräfte nicht ausrichten, dann werden sie kaum wirksam werden. Unsere Ziele sollen sich jedoch schnell verwirklichen. Ein Hilfsmittel ist, die Kräfte auf das Ziel hin zu bündeln. Wenn wir zum Beispiel Interesse an etwas haben, werden unsere Gedanken ausgerichtet. Je mehr uns dieses interessante Gebiet fesselt, je öfter wir daran denken und mit Begeisterung bei der Sache sind, um so mehr Kräfte investieren wir. Unsere Gedanken, Bilder und Gefühle kreisen ständig um diesen Bereich. Setzen wir uns dann ein Ziel, ergibt sich ein Effekt wie bei einem Laserstrahl, der durch die Bündelung des Lichtes so kraftvoll wird, dass er Stahl zerschneiden kann. Welche immensen Kräfte auf diese Weise gebündelt werden, möchte ich an einem sehr aktuellen Beispiel aufzeigen.

Der Chef einer großen, inzwischen weltweit operierenden Firma berichtete in einem Zeitungsinterview von seinen Visionen und sagte unter anderem:

„Visionen setzen ungeahnte Kräfte frei und sind für den langfristigen Geschäftserfolg von entscheidender Bedeutung".

Er hat aus kleinsten Anfängen nach dem Krieg jährlich zwei-stellige Zuwachsraten erwirtschaftet und viele Jahre voraus-schauend gewagte Visionen geäußert, die oft - auch von sei-nen eigenen Angestellten - belächelt wurden. Seine Visionen jedoch waren wie der Laserstrahl, der die Kräfte bündelt.

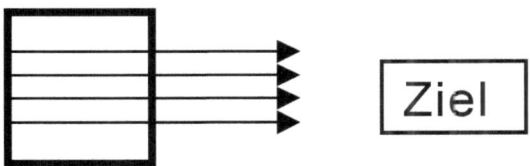

Er hat seine Gedanken nicht verschwendet, sondern ständig auf neue Ziele ausgerichtet. Worte, Bilder und Gefühle ver-schmelzen zu einer Vision. Sie haben sich verwirklicht.

Vorbilder

Menschen wie er sollten uns nicht neidisch machen, sondern ebenso wie hoch dotierte Leistungssportler Vorbild sein. Sie helfen uns, Vorstellungen zu entwickeln, die es uns möglich machen, uns selbst in Teilen zu einer ähnlichen Leistung zu befähigen. Wir sollten sie genau beobachten. Wie erreichen sie die erwünschten Ziele, was machen sie anders? Dann sollten wir sie in Teilen einfach kopieren und diese Fähigkeit auch unserem Körper suggerieren. Das Limit für uns ist im-mer nur der Glaube an das eigene Können. Glaube ich mir, dass ich das kann, dass ich Ähnliches fertig bringe? Nur dann hat es eine Wirkung auf mich. Wenn ich Zweifel habe, dann ist jede geistige Übung kontraproduktiv und macht Störungen im Körper.

Was der Firmenchef sich vorgestellt hat, weiß ich nicht, doch werden die anderen Anteile deutlich, die wichtig sind, um Ziele zu erreichen. Er hat gezeigt, dass langfristig vorausschauende Visionen einer erwünschten Zukunft, die genährt sind mit Willen, Vertrauen, Absicht und vor allem Begeisterung und Freude, gepaart mit einem hohen Verantwortungsgefühl, geeignet sind, Zehntausende von Mitarbeitern zu befähigen, ihr Bestes zu geben und die Vision zu erfüllen. Das mag uns als Vorbild dienen für uns selbst.

Durch zielorientiertes Vorstellen können wir uns alles erschaffen, egal ob mehr Leistung im Sport oder Beruf, mehr Gehalt, einen neuen Arbeitsplatz, einen anderen Partner, ein besseres Auskommen mit den Mitmenschen oder eine andere Fähigkeit. Du musst es nur glauben können, und es sollte nie auf Kosten anderer gehen. Je mehr mentale Kräfte wir aktivieren, sie effektiver und ökonomischer einsetzen, um so mehr Energie steht uns zur Verfügung, um Ziele jeder Art leichter und schneller zu erreichen. Das Leben soll nicht ernst und schwer sein. Wenn wir wissen, wie wir uns selbst steuern, wird es spielerischer. Wir sind nicht mehr ausgeliefert. Wir können etwas tun, sind in allen Lebensbereichen mitbeteiligt. Wir sind die Autoren, sind auch Regisseur und Schauspieler auf der Bühne unseres Lebens, allerdings immer im Kontext unserer Rolle, die uns die Vorfahren, die Erziehung und Ausbildung mitgegeben haben. Doch der Spielraum innerhalb dieser Rolle ist immens groß. Teste es aus!

Beginne jetzt, wo du weißt wie es geht, für dich selbst Ziele zu setzen. Wenn du schon genügend Kraft hast, kannst du auch für deine Familie oder in großem Rahmen mit Mitarbeitern Vorstellungen entwickeln, Visionen pflegen, sie nähren und wirklich werden lassen. Schaffe dir bewusst und zielgerichtet deine Idealrealität.

Emotion erinnert an das englische Wort motion und macht deutlich, dass die Gefühle uns in Bewegung bringen.

Die Begeisterung oder ein „flow", wie es heute genannt wird, muss nicht unbedingt aus dem Bereich stammen, den wir anstreben. Wir können Gefühlsladungen aus anderen Situationen nutzen, um ein gewünschtes Ziel zu nähren. Wir können intensive Gefühle aus anderen schönen Erlebnissen einfließen lassen, egal ob es sich einstellt vom Tiefschnee fahren, Surfen, Gleitschirm- oder Segelfliegen, aus der Vorstellung eines Babys, von Kinderaugen, eines Wasserfalls oder Regenbogens. Alles, was bei dir besonders intensive, angenehme Gefühle weckt, ist geeignet, die Ladung zu erhöhen. Zuerst solltest du dieses „flow" fühlen, und dann erst vor deinem geistigen Auge die Situation, die du dir wünschst, in allen Details virtuell erleben, um wirklich höchste Ergebnisse hervorzubringen. Selbst wenn du dich im Sport verbessern möchtest, kannst du Super-Gefühle aus einer anderen Sportart benutzen, um deinem Ziel, deinem Vorstellungsbild mehr Kraft zu geben. Es ist die Ladung, die Gefühlsintensität bei der ersten Visualisierung ausschlaggebend für die Zeit, mit der die Vorstellung zur Wirklichkeit wird oder eine Fähigkeit sich in dir festigt. Wenn wir uns selbst suggerieren und sagen: „Ich kann das schon, ich bin das schon, ich muss es nur noch in Existenz bringen!", dann fühlen wir schon die Freude über die angestrebte Fähigkeit.

Beschränkungen

Selbstverständlich können Ziele in machbare Teilziele zerlegt werden, um sie glauben zu können. Bei Arbeitsabläufen ist es unter Umständen wichtig, sich jedes Detail vorzustellen. Aber Vorsicht, und das habe ich auch erst später gelernt: Wenn wir bei unseren Zielen zu genau vorgeben, wie sie zu erreichen sind, dann beschränken wir uns wieder. Vielleicht hat das innere System viel bessere Lösungen für ein Ziel, als wir uns ausmalen können. Ich war zum Beispiel bei der Programmierung für meine Gästewohnung viel zu genau, indem ich mir jedes Detail genau vorstellte, jedes einzelne Möbelstück, die Teppiche, Pinsel und Farbe. Ich habe alles allein machen müssen. Hätte ich mir jedoch nur vorgestellt, dass alles sauber gestrichen und schon wieder eingeräumt ist, dann hätte mir vielleicht mein Inneres, das Universum oder wer immer das ist, der die Vorstellungen erfüllt, mir „zufällig" jemanden vorbei geschickt, der gerade Lust und Zeit hat, mir die Wände zu streichen oder mir wenigstens zur Hand zu gehen. Ich hatte zu begrenzt programmiert. Später habe ich es anders gemacht. Ich will kurz dieses Beispiel schildern: Für meinen kleinen Kanonenofen bekam ich 3 Meter gesägtes Holz geliefert, das gespalten und im Schuppen aufgestapelt werden musste. Ich programmierte in einer Visualisierung vor. Ich sah nur diesen fertigen Holzstapel vor mir, akkurat aufgeschichtet. Was dann passierte war unglaublich. Das Holz ließ sich viel leichter spalten, als ich das früher erlebt hatte, das Beil sauste hindurch, wie durch Butter. Ich hatte in relativ kurzer Zeit einen großen Berg gespalten und war beim Wegräumen als ein Mann mit einem bayrischen Hut und Kleidung sich über den Gartenzaun lehnte und fragte, ob er mir helfen könne. In weniger als zwei Stunden hatten wir den größten Teil des Holzes im Schuppen. Wir unterhielten uns angeregt über Pflanzen und Tiere, wobei ich einige gute Tipps bekam. Dann verabschiedete er sich. Ich war zufrieden und dankbar. Das Universum meinte es gut mit mir. Ich hatte unbegrenzt programmiert.

Hier noch ein Beispiel für mögliche Beschränkung. Steht zum Beispiel im Geschäft eine wichtige Verhandlung an, vielleicht ein Verkaufsgespräch, dann ist es zwar wichtig, dass wir die einzelnen Abläufe wie die Fahrt dorthin, Parken, Begrüßung, Platz nehmen etc. uns vorstellen. Im Ablauf des Gespräches jedoch sollte die Intuition frei werden, wir sollten erspüren können, was der Kunde braucht, um noch mehr Vertrauen in das Produkt zu entwickeln, das wir ihm anbieten. Diese Informationen erspüren wir in einer solchen Vorstellungsübung ebenso, als würden wir in der Realität einen Kunden beraten. Auch da merken wir sehr deutlich, ob unser Gegenüber uns das Gesagte abnimmt. Wenn wir öfter solche Besprechungen, Präsentationen oder Verkaufsverhandlungen vorüben, dann wird die Intuition immer besser und wir erspüren, dass an dieser Stelle der Verhandlung für diesen Kunden ein Schaubild ganz hilfreich wäre, um ihm zu vermitteln, was wir zum Ausdruck bringen möchten. Würden wir hingegen schon vorab genau festlegen: „Dem Kunden zeige ich dieses und jetzt sage ich das", dann ist unsere Intuition blockiert. Wir sind nicht mehr offen genug, um uns auf den Anderen einzustellen und seine Bedürfnisse zu erspüren. Wir begrenzen unsere Möglichkeiten. Als sehr hilfreich hat sich für mich herausgestellt, dass ich mich während solcher Vorstellungsübungen hinter mein Gegenüber stellte und mich selbst aus der Position des anderen betrachtete. Wir können sehen, wie wir agieren und wie überzeugend wir für ihn wirken. Wenn wir mit uns selbst noch nicht ganz zufrieden sind, dann können wir das wesentlich leichter korrigieren, als wenn wir alles in der Realität ausprobieren müssten. Wir denken uns einfach etwas Neues aus und üben es erneut auf der Vorstellungsebene ein. Wenn wir dann nach mehreren Simulationen zufrieden sind mit unserem Erscheinungsbild und Auftreten, und wir ein so vorgeübtes Gespräch dann in der Wirklichkeit führen, dann strahlt unser Körper diese Sicherheit aus. Er kennt ja schon alles, er weiß, was auf ihn zukommt, und wir haben eine wesentlich bessere Position in der Verhandlung als ohne Vorstellungsübungen. Es ist nicht so, dass wir unserem Inneren mit solchen Simulationen etwas aufzwingen. Sie müssen sich nicht genauso abspielen. Wir fügen dem bisherigen Repertoire an Handlungsmöglichkeiten lediglich weitere Varianten hinzu, mit der wir uns ausdrücken können. Unser Inneres entscheidet für welche Variante, ist aber immer abhängig von unseren klaren Botschaften über das Außen. Durch solche Vorstellungsübungen trainieren wir unsere Intuition, die uns bei allen Abläufen helfen kann.

Intuition stärken

Ich will kurz schildern, was mir passiert ist und was dir ähnlich gehen könnte. Als ich mich entschlossen hatte auf meine Intuition zu hören, wurde ich mit einigem Nachdruck geschult. Auf dem Weg zu einem Seminar kam an einer Straßenkreuzung von innen der Impuls: „Nimm heute den Weg über Land, fahr links herum!" Mein Verstand protestierte, ich fuhr rechts herum, und geriet nur ein paar Kilometer weiter in eine Geschwindigkeitskontrolle. Ich merkte noch nichts und zahlte zähneknirschend. Einige Wochen später passierte mir das Gleiche, wieder auf dem Weg zu einem Seminar: „Fahr langsam!", sagte mein Inneres. Ich hörte es, doch mein Verstand konterte: „Es ist schon so spät, du kannst doch die Leute nicht warten lassen, fahr zu!", und wieder zahlte ich. Ich hatte noch nie in meiner 30-jährigen Fahrpraxis einen Strafzettel bekommen. Als mir das innerhalb von drei Monaten ein drittes Mal passierte, begriff ich schließlich. Ich wurde darin geschult, doch endlich meinem Inneren zu vertrauen, was ich mehr und mehr tat.

Wie wir mit alltäglichen Problemen umgehen und uns Ziele setzen, zeigen folgende Beispiele aus früheren Seminaren. Sie geben weitere Anregungen und schildern, wie andere mit den mentalen Kräften von Vorstellungen und Affirmationen umgehen. Ich habe für dieses Buch mehr die auf Leistung und berufliche Seiten ausgerichteten Beispiele meiner Teilnehmer/ Innen ausgewählt. Sie mögen dich dazu anregen unterschiedliche Ziele zu setzen, ihnen durch Affirmation und innere Bilder eine Form zu geben, und sie mit möglichst viel mentaler Kraft von innen heraus ganz systematisch zu erschaffen.

Beispiele von konstruktiver Gestaltung im Beruf

Die in diesem Buch angeführten Beispiele meiner Klienten/ Innen behandeln in erster Linie berufliche und finanzielle Probleme. Ohne eine finanzie le Grundlage sind viele Ängste da, welche die Gestaltungskräfte einschränken. Es ist daher verständlich, dass ihre Ziele häufig mit diesem Thema zu tun haben.

Gehaltserhöhung

Eine Klientin kreierte sich nach dem Muster des Schießablaufes eine Gehaltserhöhung.

O

Sie stellte sich in tief entspanntem Zustand für mehrere Wochen vor, dass eine Angestellte aus der Personalabteilung ihr den Umschlag mit der Gehaltsabrechnung in die Hand gibt, den sie in die Tasche steckt, das Büro verlässt und ins Auto steigt. Auch sie simulierte alle Ampeln grün, fuhr auf dem schnellsten Weg nach Hause und öffnete erst dort am Wohnzimmertisch den Briefumschlag. Sie blickte auf ihre Hände, während sie die Abrechnung herauszieht, wo das erhöhte Gehalt - sie las den von ihr gewünschten Betrag – ein-getragen war und sie fühlte ganz intensiv die Freude über die Anerkennung ihrer Leistung.

Sie wiederholte diese Vorstellung täglich etwa 10 Minuten lang für etwa 3 Wochen und ließ sie dann ruhen, dachte nicht mehr daran. Einige Zeit später bekam sie den Brief, und um ihn in Ruhe lesen zu können, fuhr sie tatsächlich erst nach Hause. Sie rief mich ganz erstaunt an, denn sogar der Betrag stimmte genau mit ihrer Vorstellung überein.

Arbeitsplatz-Visualisierung

Eine andere Klientin kreierte sich einen Arbeitsplatz. Sie wohnte in einer ländlichen Gegend und die Aussichten waren in ihrem sehr ausgefallenen Beruf nicht besonders gut. Sie probierte folgendes:

○

Sie stellte sich vor, wie sie voller Freude - sie liebte ihre Tätigkeit und ging voll darin auf - mit den entsprechenden Gerätschaften in einem hellen, freundlichen Arbeitsraum hantierte. Sie stellte sich vor, dass der Vorgesetzte das Zimmer betrat, ihr anerkennende Blicke zuwarf und sich lobend über ihren Einsatz äußerte. Sie fühlte die innere Zufriedenheit aufwallen über diese sinnvolle Tätigkeit und wiederholte diese Visualisierung täglich.

Schon einige Tage später wurde sie von einer Firma angerufen. Sie hatte sich dort ein Vierteljahr vorher schon einmal als Urlaubsvertretung beworben. Jetzt war durch die Umstellung der Produktion ein neuer Arbeitsplatz in genau ihrem Arbeitsfeld geschaffen worden, und sie bekam exakt die von ihr vorausgeplante Stellung.

Weg aus der Arbeitslosigkeit

Ein im Handwerk tätiger junger Mann wurde arbeitslos. Zunächst einmal klärten wir seine Ziele, das was er am liebsten tun würde. Sie liefen darauf hinaus, dass er sich eigentlich gern selbstständig machen würde. Ohne Eigenkapital war das jedoch in seiner Berufssparte nicht so einfach. Wir überlegten, welche zusätzlichen Fähigkeiten er noch brauchen würde, und in welchem Bereich seines Berufes er sich auch mit wenigen Mitteln zumindest teilweise selbständig machen könnte. Wir fanden gemeinsam eine Lösung: Seine Zielvorstellung nahm konkrete Formen an.

○ *Er stellte sich vor, dass er in einem Betrieb arbeitet, in dem er genau die Dinge lernen kann, die seinem zukünftigen Ziel, der selbständigen Arbeit dienen. Er fühlte sich vollkommen zufrieden dabei, da die Aussicht auf eine spätere selbständige Tätigkeit ihn motivierte. Sie war das treibende Moment.*

Er hatte für Monate kaum ein Angebot bekommen, doch schon wenige Tage nach Beginn der Visualisierung fand er zwei Stellen in der Zeitung und zwei andere Arbeitgeber meldeten sich über das Arbeitsamt. Er bekam tatsächlich eine Stelle, in der er die benötigten Fähigkeiten erwerben konnte, die er für seine zukünftige Selbständigkeit noch brauchte. Er übt sie heute nebenberuflich aus.

Motivation

Eine junge Klientin bat mich um Hilfe. Sie fühlte sich nervös und abgespannt. Ihr drohte der Verlust ihrer Arbeit, weil sie zu viele Fehler machte. Sie litt unter einem Vorgesetzten und hatte ihre Tätigkeit schon auf wenige Stunden reduziert. Der Abteilungsleiter strich jeden ihrer Fehler übertrieben heraus, auch vor anderen, was sie noch unsicherer machte. Ihre Fehlerquote erhöhte sich ständig. Als ich ihr erklärte, dass der Vorgesetzte an ihrer Fehlerquote mitbeteiligt ist, weil er seine negativen Erwartungen auf sie projiziert und mit seiner Prophezeiung das Problem verstärkt, atmete sie auf.

○ *Wir erläuterten dann die Grundlagen der Selbstgestaltung, was ihr half sich selbst zu motivieren. Sie stellte sich vor, dass der Berg Akten, den sie täglich zu bearbeiten hatte, Stück für Stück fehlerlos erledigt wird. Sie suggerierte sich ein zufriedenes Gefühl bei der Arbeit, und vor allem als Abschluss des Arbeitstages.*

Zusätzlich bereiteten wir ein Gespräch vor, zu dem sie geladen worden war, um ihre berufliche Seite und den weiteren Verbleib in der Firma abzuklären. Sie hatte große Angst ihren Arbeitsplatz endgültig zu verlieren, und es bereitete ihr einige Mühe, sich zufriedene Gefühle zu suggerieren. Wir nahmen frühere Situationen aus ihrem Leben zu Hilfe, um ein Gefühl des Erfolges, der Selbstsicherheit und der Begeisterung in ihr zu stabilisieren. Es gelang ihr mehr und mehr, sich ein Gespräch vorzustellen, bei dem beide Teile zufriedengestellt waren. Sie führte sechs Wochen später dieses Gespräch, wurde in eine andere Abteilung versetzt, wo sie inzwischen zur vollen Zufriedenheit ihres Arbeitgebers tätig ist.

Sie war mutig geworden durch diesen Erfolg, und wir klärten in Gesprächen ihre Ziele. Sie fand diese neuen Möglichkeiten der Selbstgestaltung und des Selbstmanagements so spannend, dass sie diese auch anderen Menschen vermitteln wollte. Um berufliche Grundlagen dafür zu legen und ihre Fähigkeiten von wissenschaftlicher Seite zu untermauern, studierte sie neben ihrem Beruf und machte kürzlich ihren Bachelor in Psychologie an einer englischen Universität.

Der dominante Chef

Eine Seminarteilnehmerin litt unter den Schikanen und der Dominanz ihres Chefs. Ganz besonders störte es sie, wenn er neben ihr stehend von oben herab auf sie einredete.

O

Sie stellte sich daher vor, dass ihr Chef sich ihr gegenüber auf den Stuhl setzt, um ein Gespräch auf einer partnerschaftlichen Ebene führen zu können.

Schon nach etwa 10 Tagen setzte sich der Chef plötzlich während eines Gespräches hin, genau so, wie sie es sich vorgestellt hatte. Sie führten ein wesentlich konstruktiveres

Gespräch, als das im Stehen je möglich war. Geholfen haben dabei sicherlich auch Gespräche darüber, dass dominante Menschen versuchen ihre eigene Angst zu verstecken. Es war ihr möglich, ihren Chef von einer anderen Seite zu betrachten.

Rechtsstreitigkeiten

Eine Geschäftsfrau hatte mit ihrem Partner einen Termin bei Gericht wegen einer sehr kostspieligen Rechtsstreitigkeit. Wir berieten gemeinsam, wie eine Zielvorstellung aussehen könnte, die das vorwegnimmt, was sie sich als Ergebnis wünscht.

O

So stellte sie sich den Schluss des Gerichtstermins so vor, dass sie voller Freude zuerst ihren Partner umarmt, und dann dem sie vertretenden Anwalt die Hand schüttelt und in Worten ihre Zufriedenheit ausdrückt.

Auch sie nahm Urlaubssituationen zu Hilfe, um begeisternde Gefühle in sich zu wecken, die sie in die Vorstellung mit einfließen ließ. Der Richterspruch Wochen später lautete, wie erwartet, für sie positiv.

Mobbing

Eine junge Frau litt unter ihrer Situation am Arbeitsplatz. Früher hatte sie eine verantwortungsvolle Position inne, doch ihr Familienstatus hatte sich geändert, und sie arbeitete nur noch Teilzeit. Durch ihre häufigere Abwesenheit fühlte sie sich ausgegrenzt. Die anderen tuschelten und brachen das Gespräch ab, wenn sie hereinkam. Oft ließen sie ihr auch absichtlich oder unabsichtlich nicht alle Informationen zukommen, die sie für ihre Tätigkeit brauchte. Sie gingen miteinander aus, ohne sie einzuladen, sie schien nicht mehr dazuzugehören und fühlte sich gemobbt.

Wir klärten zunächst einmal ihre Absichten und als sich herausstellte, dass sie gerne in dieser Firma bleiben wollte, übten wir konstruktive, das Erwünschte, das Endergebnis vorwegnehmende Vorstellungen ein, so als ob sie schon erfüllt seien.

○

Sie stellte sich die erwünschte Situation an einem konkreten Beispiel vor, indem sie sich offen und freundlich mit den anderen reden und lachen sah.

Außerdem überprüften wir in einer Simulation ihre Haltung und ihr Auftreten, wenn sie morgens ihr Arbeitszimmer betritt. Sie bemerkte, wie sehr sie sich dabei im inneren Dialog selbst negativ beeinflusste, was in Mimik und Gestik zum Ausdruck kam. Wir korrigierten ihr Auftreten, und übten in mehreren Sitzungen aktiv und virtuell konstruktive Erwartungen ein. Sie fühlte sich im Betrieb von Mal zu Mal besser. Innerhalb einiger Wochen veränderte sich auch die Haltung der Mitarbeiter. Sie war hoch zufrieden, als sie sogar wieder aufgefordert wurde, zu Festplatzbesuchen mitzugehen. Das Gruppenklima war wieder in Ordnung.

Prüfungsvisualisierung

Eine junge Klientin machte eine einjährige Fortbildung. Sie hatte sich bei mir schon verschiedentlich Rat geholt und die Grundlagen der Selbstgestaltung erlernt. Sie setzte sich ein hohes Ziel. Ich empfehle nicht, was sie gemacht hat, da man leicht unter Zugzwang gerät. Für sie jedoch war das Ansporn, denn sie erzählte in ihrer Geburtstagsrunde, mit welchem Ergebnis sie sich wünsche, die Prüfung zu bestehen. Sie nannte vor allen Gästen eine bestimmte Punktzahl mit dem Ergebnis „gut".

Sie stellte sich immer wieder nur dieses erwünschte Endergebnis vor, und zwar so, dass sie ihre Urkunde überreicht bekommt mit dem Ergebnis gut und der vorausgesagten Punktzahl. Sie unterstützte die Visualisierung mit einem freudigen Gefühl der Selbstsicherheit und Leistungsfähigkeit.

Natürlich lernte sie fleißig und bereitete sich entsprechend auf die Prüfung vor, sonst hätte sie sich das „gut" selbst nicht geglaubt. Sie war dann aber doch sehr erstaunt, dass sie ihre Prüfung exakt mit der vorhergesagten Punktzahl abgeschlossen hatte. Sie konnte es auf einer Feier den Freunden vorweisen, die natürlich rätselten, wie so etwas möglich ist. Das ist ein großartiges Beispiel der Wirksamkeit von mentalen Methoden.

*Setze deine Ziele nur groß genug,
so werden sich die Umstände nach
den Zielen richten.*

Mahatma Gandhi

Zusammenfassung

Auch hier will ich noch einmal zusammenfassen: Gedanken, Bilder und Gefühle sind Kräfte, die vom Körpersystem behalten werden im Sinne eines Lernprozesses. Sie wirken sich auf die Leistung aus. Die Ergebnisse richten sich in allen Fällen danach, was ich glauben kann, selbst erreichen zu können. Der Glaube begrenzt oder erweitert das bisher erreichte Limit. Im Leistungssport ist es günstig sich Hilfsmittel vorzustellen, die unsere physikalischen Gesetze unbeachtet lassen. Das kann auf alle Bereiche des täglichen Lebens übertragen werden. Die Wirklichkeit ist in hohem Maße beeinflussbar durch die Kraft unseres Geistes. Wie weit diese Beeinflussbarkeit geht, zeigen das Glasscherben- und Feuerlaufen.

Wie viel uns an Kraft zur Verfügung steht ist davon abhängig, ob wir sie zielgerichtet einsetzen oder sie zerstreuen. Wenn wir für nur 10 Minuten unsere Gedanken mitschreiben wird deutlich, wie wir unsere mentalen Kräfte anwenden. Wir entdecken, dass wir innerlich ununterbrochen mit uns selbst sprechen. Dieses Selbstgespräch ähnelt einem Kassettenrecorder, der pausenlos Gedanken produziert. Um diesen Gedankenstrom kennen zu lernen, können wir uns zuhören und ihn aufschreiben oder ihn beobachten. Weniger Kraft wird zerstreut, wenn wir die Gedanken mit verschiedenen Methoden verlangsamen. Wenn wir uns auf den gegenwärtigen Moment einstellen, haben Vergangenheits- und Zukunftsgedanken keinen Platz. Die Quelle der Kraft ist dieses Jetzt und die dahinterliegende Stille. Da wir jedoch erst nach und nach in diese Bereiche vordringen, sollten wir unsere mentalen Kräfte gezielter, effektiver und ökonomischer einsetzen, indem wir den Gedankenstrom ausrichten. Die Kräfte werden durch Ziele gebündelt zu einem Laserstrahl.

Vorbilder helfen unseren Glauben zu stärken. Sie zeigen uns, was möglich ist, und dienen dazu, Teile ihrer Handlungsmuster zu imitieren, sie nachzuahmen, um die eigene Leistung zu steigern. Gefühle sind sehr energiegeladen, sie bringen Bewegung und sie kosten viel Kraft. Wir sollten uns ganz grundsätzlich darin üben, mehr angenehme Gefühle zu fühlen, sie zu pflegen und unsere Zielvorstellungen damit anzureichern.

Besonders hinweisen möchte ich noch einmal auf das Problem der Zeit. Zeit ist ein Konstrukt des Verstandes. In Wirklichkeit gibt es nur das Jetzt. Wir erinnern uns jetzt, die Vergangenheit ist jetzt. Einfluss nehmen können wir immer nur im Jetzt, in der Gegenwart des Moments. Nur in diesem Moment können wir Bilder kreieren, können wir gezielt konstruktive Gedanken denken. Nur im Jetzt können wir begeisternde Gefühle fühlen und die zukünftige Wirklichkeit beeinflussen. Die Kraft ist im Jetzt.

Mit den Beispielen von Klienten zeige ich auf, wie mit den mentalen Kräften unterschiedlichste Probleme im Berufsalltag angegangen werden können, wie Ziele gesetzt und erreicht werden. Sie helfen dir, eigene Ideen zu entwickeln und dienen als Fundus ebenso, wie meine im Erfahrungsbericht angeführten Kreationen. Du kannst sie kombinieren und dir ganz gezielt deine ideale Wirklichkeit erschaffen.

Was wir erwarten,
werden wir finden.

Aristoteles

Teil III

Anleitung zur Selbstgestaltung

Bevor ich Anleitungen gebe, die mentalen Kräfte konstruktiv einzusetzen, werde ich einzelne Bereiche vertiefen und bringe das, was ich bisher mehr theoretisch ausgeführt habe, in den alltäglichen Sprachgebrauch. Ich zeige einige Fallen auf, in die wir immer wieder tappen. Auch dadurch beeinträchtigen wir unsere schöpferische Kraft Im Anschluss daran findest du Anleitungen, Listen und Aufstellungen, die dir helfen sollen, eigene Ziele, aus welchem Bereich auch immer, zu bestimmen und in einzelnen Schritten ganz planmäßig zu erreichen.

Fallen

Jeder Mensch gestaltet. Jedes Wort, auch das nur im inneren Selbstgespräch formulierte, ist eine Bestellung beim Universum, die im System erinnert wird und sich in irgendeiner Form auswirkt. Gedanken, Worte, Vorstellungen und die sie begleitenden Gefühle sind Kräfte, die wir bewusst oder unbewusst steuern. Wohin, das bleibt uns überlassen. Wir haben in jedem Moment die Freiheit, diese Kräfte in Richtungen zu lenken, die sich konstruktiv für unser Leben auswirken, oder aber sie zu vergeuden, zu verschleudern und unbewusst Realitäten zu stärken, die wir nicht haben wollen.

Statt uns mit Problemen und Fehlern zu befassen, sollten wir unserem Denken eine konstruktive Zielrichtung geben. Wir Sportler würden uns nie an einem schlechten Ergebnis aufhalten; wir analysieren Fehler, lernen daraus, und machen ihn möglichst nicht wieder. Wir Schützen visieren mit jedem

Schuss das bestmögliche Ergebnis an. Ist es ein schlechter Schuss, vergessen wir ihn sofort. Wir beginnen immer wieder mit der besten Absicht und haben mit jedem einzelnen Schuss eine neue Möglichkeit, nur das befähigt uns zu den hohen Leistungen.

Wie wir im täglichen Leben mit Fehlern umgehen, sieht oft ganz anders aus. Statt einmal ganz klar zu analysieren, was abgelaufen ist, überlegen wir: „Wie konnte mir denn das nur passieren? Hätte ich doch nur nicht ..., jetzt war alles umsonst, wie soll ich denn jetzt weitermachen, ich bin doch zu blöd gewesen!" Wir rätseln herum, warum uns das passieren konnte und erzählen es vielleicht sogar mehreren Freunden/Innen, es beschäftigt uns unter Umständen tagelang. Wir versuchen, den Fehler nicht noch einmal zu machen und fühlen uns schuldig. Doch indem wir immer wieder darüber nachdenken, warum uns das passieren konnte, reden wir uns mit jedem Wort und jedem Gedanken daran immer wieder den Fehler ein, mitsamt den sehr energiereichen Schuldgefühlen und damit das, was wir ganz bestimmt nicht noch einmal in Existenz bringen wollen. Wir sollten Fehler analysieren, uns klarmachen, auf welchen unbewussten Einstellungen und inneren Bildern sie beruhen, sie dann einfach loslassen und nicht wieder tun. Wir sollten nicht mehr daran denken. Ein Fehler war dann kein Fehler, sondern ein Lernschritt. Erst wenn wir den Fehler ein zweites oder gar ein drittes Mal machen, war es ein Fehler. Wir sollten lernen Fehler zu vergeben, die anderer und vor allem unsere eigenen.

Auch im täglichen Sprachgebrauch sind wir oft unachtsam. Oftmals wünschen wir etwas, was wir nicht gern verwirklicht sehen wollen, was sich hemmend in unserem Leben auswirkt, häufig völlig unbewusst. Wie oft sagen wir: „Das kann ich nicht!", und blockieren unser Können oder „Das ist schwer!", und dann ist es schwer, weil wir es denken und zu uns sagen, nicht weil es an sich schwer ist. Wir äußern: „Das schaffe ich nie!", oder denken: „Lass die Finger davon!" oder glauben, dafür zu dumm, zu alt oder nicht begabt genug zu sein. Alle diese Selbstsuggestionen wirken sich jedoch bei uns, in unserem System genauso aus, wie wir es gesagt, gedacht oder uns vorgestellt haben, auch wenn wir uns dessen nicht bewusst sind.

Wie ich schon sagte, funktionieren wir so ähnlich wie ein Computer. Das was eingegeben wird, das wird auch wieder ausgedruckt, bei uns in Form von Worten, Körperhaltung, Mimik, Gestik und Verhalten, Handlungen und Ereignissen. Unsere Mitmenschen lesen wie mit einem Radar diesen Ausdruck und reagieren darauf. Es passiert immer nur das, was wir selbst uns eingegeben haben.

Solange wir das nicht wissen, glauben wir im Außen, bei den Umständen die Ursache zu sehen. Wir denken, dass die anderen Schuld sind an unserem Befinden. Sie sollten sich gefälligst ändern. Oft schimpfen wir dann auf sie, halten sie für unfähig oder einfach zu blöd, für unausstehlich oder unmöglich, wenn schon nicht direkt, dann wenigstens in unserem inneren Selbstgespräch. Das verzwickte daran ist jedoch, dass auch alle diese Bewertungen von unserem eigenen Inneren gehört und abgespeichert werden. Es hält alles für zu sich gesagt. Es weiß nicht, dass wir beispielsweise über den Nachbarn schimpfen, der ausgerechnet in der Mittagspause seinen Rasen mäht. Besonders beim Autofahren ergeben sich häufig Situationen, wo wir uns Luft machen. Ich brauste oft auf: „Wie der trödelt! Jetzt fahr doch zu, willst du hier einschlafen?" Nahm mir jemand die Vorfahrt, schimpfte ich: „Du Trottel, kannst du nicht aufpassen? Das hätte ins Auge gehen können!" Alle diese Worte äußerte ich zwar zu dem anderen, doch gehört und gespeichert wurden sie in mir. Unser Computer hat keine Augen, er hält alles für zu sich gesagt. Wir füttern mit jedem Wort, das wir denken, zu uns selbst oder zu anderen Menschen sprechen, unseren eigenen Speicher. Er registriert alles und sagt nur: „Ja Meister, das wird ausgedruckt", so wie der Computer das auch macht. Er sagt nur: „Wenn Du meinst, wenn das dein Wille ist?" Er kritisiert nicht, sondern sagt immer: „Ja, ja, ja!" und drückt es aus, selbst wenn es der größte Unsinn ist, der uns schadet. Er sorgt dafür – um bei meinem Beispiel zu bleiben -, dass wir uns wie ein Trottel verhalten, dass wir trödeln, bringt uns in Situationen, die ins Auge gehen könnten. Wir haben es selbst programmiert.

Jede Bewertung und Ablehnung dessen, was schon da ist, wird erneut zur Bestellung, zum Wunsch, der sich auswirkt, und genau das hervorbringt, was wir bewertet haben.

Wir wundern uns dann über die Probleme, mit denen wir uns auseinandersetzen müssen, nicht ahnend, dass wir sie selbst bestellt haben. Uns begegnen auch mit dem obigen Beispiel immer häufiger Autofahrer, die uns die Vorfahrt nehmen und unsere Wut wächst. Wir vergrößern damit völlig unbewusst unsere Schwierigkeiten und Herausforderungen, was letztendlich zu mehr Schmerz und Leid führt, denn irgendwann kracht es dann wirklich.

Der Bibelspruch: „Richtet nicht, damit ihr nicht gerichtet werdet.", macht diesen Vorgang deutlich. Wir sprechen innerlich ständig mit uns, beurteilen und bewerten, doch der Computermechanismus hält alles für zu sich gesagt! Ich habe lange nicht gewusst, wie wir funktionieren. Ich verstärkte meine Probleme und wusste nicht, wie ich aus diesem Teufelskreis herauskomme. Erst durch einen Vortrag begriff ich, was ich falsch gemacht hatte. Ich wünschte nicht konstruktiv. Der Referent Frazer sagte:

„Wünschen ist Fleiß, Faulheit ist ohne Ziel."

Er führte aus, dass Faulheit mit der Zeit Sturheit sei. Sturheit jedoch sei Negativität, Intoleranz, Rechthaberei, Neid, Missgunst, üble Nachrede, Wut und Hass oder gegen sich selbst gerichtet seien es Selbstzweifel und Destruktivität, bis hin zu Depression und Selbstmord. Wir meinen, dass die äußeren

Umstände Schuld seien, und machen uns nicht klar, dass wir selbst die Urheber sind. Wir können nicht erkennen, dass die Ursache in unseren eigenen Bewertungen, den Verurteilungen und den negativen Erwartungen liegt, in den inneren Bildern und dem ständig ablaufenden inneren Selbstgespräch, mit dem wir völlig unbewusst immer wieder uns selbst und das Äußere beeinflussen. Unser Computer, der Verstand gaukelt uns vor, dass wir nur das Problem lösen müssen, dann sei alles wieder in Ordnung. Dabei ist er selbst mit seinen ständigen Bewertungen das Problem. Er hält sich in Vergangenheit und Zukunft auf und solange wir uns mit dem Verstand und unseren Gedanken identifizieren, ist aufgrund der Muster ein Automatismus im Gang, der immer wieder die gleichen Gedanken, Bilder und Gefühle reproduziert. Von uns völlig unbeobachtet bringt er immer wieder nur das hervor, was wir bewertet haben. Wenn ein Problem gelöst ist, stehen zwei andere da. Wir können diesen Automatismus nur unterbrechen, wenn wir das Jetzt in den Vordergrund stellen.

Jetzt

mit dem nächsten Gedanken kannst du eine neue Richtung einschlagen. Jetzt kannst du etwas Neues erschaffen. Jetzt kannst du auch nichts denken, dann verschwendest du keine Energie. Jetzt kannst du aber auch der Beobachter sein und deinem eigenen Verstand und seinen ständigen Bewertungen zuhören. Als Beobachter sind wir immer im Jetzt, wir sind voll bewusst im gegenwärtigen Moment.

Wenn wir allerdings das, was wir da hören, sofort wieder bewerten im Sinne von „Das ist doch unmöglich, so etwas darf ich doch nicht denken, das bringt nur wieder Wirklichkeit hervor, die ich nicht haben will!", dann sind wir wieder mit dem Verstand und seinen Bewertungen identifiziert und füttern tatsächlich unseren Computer. Nur wenn wir ganz gelassenen bleiben, keine Gefühle entwickeln beim Zuhören, verschwenden wir keine Energie. Wir sollten möglichst oft uns selbst zuhören. Als Beobachter sind wir mit der Quelle der Kraft verbunden. Das Jetzt wird unser Leben verändern. Im Jetzt liegt die Kraft, um konstruktiv zu wünschen, im Jetzt liegt die Kraft der Intuition für neue Ideen und Erfindungen, über das Jetzt können wir innere Ruhe finden und letztlich uns selbst. Doch bis wir das erreichen, ist konstruktives Wünschen angesagt. Wünschen ist Fleiß!

Bilder sind schneller als Worte

Hier noch einmal: „Denke einmal nicht an den rosaroten Panther!" Natürlich sehen wir sofort das Bild, groß und deutlich steht es vor uns. Das Wort **nicht** und so auch alle anderen Verneinungen wie **kein, ohne, nie** usw. werden vom Gehirn nicht oder viel zu langsam verarbeitet. Welche Auswirkungen das hat, können wir uns ausmalen, wenn wir sagen: „Das würde ich **nie** machen", geben aber unserem Inneren ein klares Bild dieser Situation und damit einen Handlungsimpuls. Das Wort *nie* braucht viel zu lange, um sich noch auszuwirken. Wir hören seit unserer Kindheit viel häufiger das, was wir **nicht** tun sollen. Die Mutter sagt: „Steige nicht auf den Stuhl, nicht auf die Mauer!" Wir jedoch bekommen immer wieder Impulse, genau das Verbotene auszuführen, dürfen es aber nicht. Das innere System gerät durch diese Unklarheit vollkommen durcheinander, und wir fühlen nicht mehr, was wir fühlen. Wir sollten darauf achten, möglichst viele positiv ausgedrückte Sätze zu verwenden, im inneren Dialog ebenso wie in Wort und Schrift.

Und jetzt glaube bitte nicht, dass ich alles, was ich hier schreibe, schon kann und immer umsetze, nur falls du auf die Idee kommst das Buch z.B. nach Verneinungen zu durchsuchen. Auch ich bin im Prozess und schreibe so gut ich es kann. „Das was ich kann, das lebe ich, was ich nicht kann, das lehre ich", sagt der Psychologe Cordes aus München und ich kann mich nur anschließen.

Jeder Mensch gestaltet

Eine kurze Zusammenfassung: Was immer wir sagen und glauben, wird sich verwirklichen. Mit diesem sich Einreden, zu sich selbst innerlich sprechen, gestalten wir unseren Körperausdruck, der von Moment zu Moment auf unsere Botschaften reagiert. Daneben gestalten wir das Umfeld mit, einmal direkt durch unseren Ausdruck, auf den andere Menschen reagieren, zum anderen aber auf einer übergeordneten Ebene, wie ich am Beispiel des Parkplatzes aufgezeigt habe.

**Deshalb ist jeder Mensch ein Gestalter
seines eigenen Lebens und seines Umfeldes.**

Denken wir über Fehler nach, werden die Fehler sich häufen. Bewerten wir uns oder andere, wird es von unserem Computermechanismus gespeichert, der alles für zu sich gesagt hält. Er druckt kontinuierlich das aus, was wir ihm eingegeben haben. Wir sollten wie ein Leistungssportler so oft wie möglich das in unseren Computer eingeben, was wir uns als Ergebnis wünschen. Wünschen wir uns mehr Erfolg, sollten wir uns Vorbilder suchen und dann so tun, als ob wir diese Fähigkeit schon hätten, die dafür nötig ist. Wünschen wir uns Akzeptanz und Liebe, dann sollten wir nicht erwarten, sie von anderen zu bekommen, sondern selbst akzeptierend und liebevoll sein und so unseren Computer füttern. Er wird es im Körper ausdrücken und die Umwelt wird darauf reagieren. „Was du willst, das andere dir tun sollen, das tue ihnen zuvor!" Nur was in uns ist, können wir im Außen vorfinden. Wir sollten - wie ein Künstler - ganz bewusst mit jedem Gedanken, mit jedem Wort und ganz besonders mit wundervollen Gefühlen sehr gezielte Pinselstriche an einer konstruktiven Wirklichkeit malen.

Filter der Wahrnehmung

Wie machen wir das nun konkret und einfach? Bisher war unser Interesse häufig auf das ausgerichtet, was nicht in Ordnung ist, auf Fehler und Probleme. Jetzt sollten wir es konsequent auf das ausrichten, was schon in Ordnung ist. Wir sollten uns erinnern, was in unserem Leben schon alles erfolgreich und zufriedenstellend abgelaufen ist. Das wird unsere bisherigen Einstellungen und Überzeugungen neu ausrichten und damit auch unsere mentalen Kräfte. Angenehme Gefühle dabei geben unseren Gedanken eine neue Stoßrichtung. Unser Interesse jedoch bündelt nicht nur die Kräfte für neue Ziele, es bündelt die gesamte Wahrnehmung. Plötzlich sehen wir mehr und mehr befriedigende Situationen um uns herum, statt bisher das, was noch nicht unseren Vorstellungen entspricht. Wir merken dann, dass wir Wirklichkeit filtern und nie eine gegebene Realität wahrnehmen.

Wir sind uns dessen bewusst, wenn wir uns zum Beispiel für den Kauf eines neuen Autos entschieden haben. Ab diesem Moment sehen wir genau dieses Modell überall herumfahren. Vorher waren sie auch da, nur unser Interesse war nicht darauf ausgerichtet, deshalb haben wir sie nicht wahrgenommen. Unser Blick war getrübt wie bei einer verschmutzten Brille.

Wir nehmen im übertragenen Sinne alle Schlechtigkeit der Welt wahr, wenn wir glauben, dass die Welt schlecht ist, und dadurch unser Interesse darauf richten. Sämtliche Medien unterstützen uns darin täglich. Interessieren wir uns zum Beispiel besonders für den täglichen Polizeibericht in der Tageszeitung, dann ist unser Interesse auf Diebstahl, Mord und Unfälle ausgerichtet und sie sind in unserem Blickfeld. Überall erwarten wir nur Schlechtes und wir finden es dann auch. Wir könnten aber genauso gut unser Interesse auf das Erstrebenswerte, auf die schönen und angenehmen Dinge des Lebens ausrichten, und schon wären diese in unserem Blickfeld. Wir würden sie wahrnehmen so wie die Autos, die plötzlich überall herumfahren. Die ganze Welt wäre verändert!

Wir benutzen bisher unseren Verstand falsch. Wir haben gelernt, dass außen eine von uns getrennte Wirklichkeit existiert, die wir objektiv beobachten können, und das Wichtigste: auf die wir keinen Einfluss haben. Doch wie ich bisher aufgezeigt habe, stimmt das nicht. Wir haben unseren Verstand dazu benutzt, zu vergle chen, zu beurteilen und einzuordnen. Unser Augenmerk wurde dabei besonders auf das gelenkt, was wir nicht haben wollen. Das hatte mit bestimmten gesellschaftlichen Strömungen zu tun, mit Glaubensüberzeugungen und Ängsten. Besonders diese unangenehmen Dinge, vor denen urs Angst gemacht wurde, hatten unser Interesse und haben es heute auch noch, wie wir in den Medien täglich sehen können. Durch unser großes Interesse an dem, was nicht in Ordnung ist, haben wir jedoch unseren Computer immer wieder genau mit dem gefüttert, was wir ganz sicher nicht ausgedruckt haben wollten. Wir selbst haben unbewusst gemeinschaftlich diese Umwelt erschaffen, so wie sie ist. Wenn wir das jetzt beurteilen und sagen: „Nie würde ich eine solche problematische Welt erschaffen!", dann sitzen wir schon wieder in der Falle und stärken eben diese problematische Welt.

Was uns heraushilft ist, sich Folgendes klar zu machen: Beurteilen ist nicht Aufgabe des Verstandes. Der Verstand ist ein Werkzeug und sollte richtig eingesetzt werden. Er hilft dir, klar wahrzunehmen, wie deine Wirklichkeit im Moment aussieht, - natürlich nur, wenn du deine Brillengläser schon einigermaßen geputzt hast - und dann hilft er zu entscheiden, ob das Vorhandene weiterhin wünschens- und erstrebenswert ist, ob es dir und deinem Umfeld dient.

Hast du ein gutes Gefühl dabei?
Fühlst du dich wohl damit?

Wenn nicht, dann solltest du ganz gelassen bleiben. Was ist, ist! Akzeptiere dieses Gefühl, sei distanzierter Beobachter und nimm alles zu Hilfe, was dieses Gefühl zur Entspannung und zur Harmonie bringt. Entspanne dich in dieses Gefühl hinein, dadurch ändert sich das Muster. Lenke dein Interesse und deine Vorstellung in eine harmonische Richtung.

Dann mache dir bewusst, was du stattdessen haben möchtest. Setze dir neue Ziele. Beginne deine Lebenskraft in eine erstrebenswerte Zukunft zu investieren, indem du so tust, als ob es schon so ist. Statt das Unerwünschte ständig zu wiederholen, solltest du dich dazu erziehen, möglichst oft konstruktive, zielgerichtete Gedanken, Worte und Vorstellungen in deinen Computer einzugeben. Er wird es ausdrucken und letztlich verwirklichen. Das Interesse an dem, was sich für dich gut anfühlt, hilft dir, dich täglich zufriedener zu fühlen. Du wirst harmonischer und da du auf dich achtest, ruhst du mehr in dir.

Erfolg

Wir sind dazu erzogen worden, Erfolg nur an äußeren Kriterien zu messen, als gutes Zeugnis, Gesellen- oder Meisterbrief, als Diplom, als Doktorgrad, als die große Karriere mit nachfolgenden Besitztümern oder einem dicken Bankkonto.

Betrachten wir dagegen den Wortstamm, dann heißt Erfolg ganz wertfrei: „ **er folg** t " dem Denken in Form von Wirklichkeit.

Was meistens vergessen wird, ist, dass Erfolg ein Gefühl des Mit-sich-zufrieden-Seins hervorruft. Das ist völlig unabhängig von Bewertung der obigen Art. Es ist ganz subjektiv ein Gefühl der eigenen Leistungsfähigkeit, der eigenen Wertschätzung, wie immer sie für den einzelnen Menschen aussehen mag. Wir glauben fälschlicherweise, dass nur Geld glücklich macht. Doch sehr viele Menschen sind auch damit nicht glücklich, haben mehr Ängste als vorher. Es könnte ja verloren gehen. Anstatt auf das dicke Bankkonto zu warten, solltest du dir die vielen kleinen Dinge bewusst machen, die auch dieses Gefühl des Mit-sich-zufrieden-Seins in dir hervorrufen. Erfolg ist ein Bewusstseinszustand.

Zufriedenheit bewusst machen und stärken:

Die nachfolgende Liste strukturiert dein Interesse neu, du solltest sie sorgfältig ausfüllen. Du machst dir damit deine ganz persönlichen Erfolge bewusst. Du bündelst dadurch dein Interesse wie einen Laserstrahl und programmierst dich auf Zufriedenheit. Schreibe sie bitte von Hand, da dein Körper mit Bewegung am besten lernt und sich neu ordnet. Die Liste sollte alle Bereiche umfassen, die berufliche Seite gleichermaßen wie Hobby und Freizeit. Zähle deine Leistungen auf und deine Erfolge. Führe alles auf, von dem du selbst den Eindruck hast, dass du es mit großer Freude ausgeführt hast, alles, was dich mit Stolz erfüllt. Dabei solltest du ein Glücksgefühl bei der Tätigkeit selbst gehabt haben, sowie auch mit dem Ergebnis zufrieden gewesen sein. Frage dich, ob du die Fähigkeit gerne einsetzt, sie gerne machst.

Frage dich, wofür dich alle loben. Damit sind wir bei Fähigkeiten, die dir vielleicht noch nicht so bewusst sind. Vielleicht hast du natürliche Begabungen, die nicht jeder hat. Meine Schwägerin erinnerte sich zum Beispiel wortwörtlich an Gespräche. Sie konnte kontern und sagen: „Herr Sowieso, vor einer halben Stunde haben Sie gesagt...", und widerlegte die später angeführten Argumente des Gesprächspartners mit seinen eigenen Worten. In ihrem Geschäftsbereich war das von großer Bedeutung, da es um viel Geld ging. Dieses Talent hat nicht jeder.

Eine Freundin kann malerische Fähigkeiten so anregen, dass ihre Klienten zu Ergebnissen kommen, die sie sich selbst nie zugetraut hätten.

Vielleicht kannst du sehr gut mit Menschen auskommen, bist den Menschen zugewandt, offen und hörst ihnen gerne zu.

Vielleicht kannst du gut reden, dich klar und präzise ausdrücken und auch schwierige Inhalte vereinfacht wiedergeben. Kannst du gut mit Tieren umgehen oder mit Pflanzen, hast einen grünen Daumen? Meine Mutter und eine Freundin sind hervorragende Köchinnen. Bei ihnen schmeckt einfach alles ganz hervorragend, egal, was sie auf den Tisch bringen. Eine andere Freundin hat ein sehr gutes Gespür für Stoffe und Farbzusammenstellungen. Wir Kriegskinder haben vielfach ein aus der Not geborenes Talent, nämlich aus nahezu Nichts etwas zu machen. Vielleicht kannst du Räume gut einrichten, gut organisieren, basteln, renovieren oder Autos reparieren. Hast du eine gute Intuition und spürst, wenn etwas nicht in Ordnung ist, kannst Fehler aufspüren? Vielleicht hast du ein ausgesprochen gutes Gehör oder auch eine feine Nase.

Auch solche Talente gehören neben den beruflichen in die Liste. Hier noch einmal zusammenfassend:

1. Welche zufriedenstellenden Aktivitäten zeigt dein Leben auf?

2. Mache dir eine Liste deiner Erfolge.

3. Füge hinzu deine Begabungen, deine Talente,

4. alle Dinge, die du gern tust,

5. die dir leicht fallen und die dir Kraft geben.

Erinnere dich auch bitte daran, was dir schon im Kindergarten Spaß gemacht hat, dir lag oder dir besonders leicht fiel. Auch Vorlieben in der Schule, Lieblingsfächer, wie auch Lieblingslehrer mit ihren hervorstechenden Eigenschaften gehören in diese Liste, denn du hast sicherlich vom Vorbild gelernt. Nicht alle Talente sind voll ausgeprägt, aber es ist sinnvoll, sie trotzdem aufzuführen. Wenn sie bewusst gemacht sind, wird dein Inneres Möglichkeiten finden, sie auszudrücken, wenn auch nur in Details. Deine Talente, Begabungen und Fähigkeiten bilden ein Set, eine Gruppierung, die in dieser Form einmalig ist und deinen ganz individuellen Pinselstrich und Duktus als Beitrag zur Gestaltung dieser Welt ausmachen.

Erfolgsliste

Fähigkeiten, Talente, Begabungen

....
....
....
....
....
....
....
....
....
....
....
....
....
....
....
....
....
....
....
....
....
....
....
....

Aus mehreren Gründen ist es wichtig, diese Liste sehr ernst zu nehmen:

1. Das Interesse an Erfolg, an dem, was sich für dich gut anfühlt, richtet deine Kräfte neu aus. Indem du dich mit Bildern erfolgreicher, zufriedenstellender Situationen von früher beschäftigst, speicherst du sie erneut in deinen Computer. Du erziehst dich dazu, möglichst oft konstruktive, zielgerichtete Gedanken, Worte und Vorstellungen einzugeben und druckst sie aus. Es ist wichtig für dich, deine Begabungen zu erkennen - dich selbst zu erkennen -, herauszufinden, mit was du dich wohlfühlst. Das kannst nur du selbst.
2. Mit dieser Liste kennst du dich schon ein wenig besser. Du weißt, wo deine Stärken liegen. Du weißt, was du kannst, und bist damit in der Lage zuzugeben, was du nicht kannst, was vielen Menschen schwer fällt. Viele meinen ja, sie müssten alles können, vergleichen sich ständig mit anderen und versäumen so, sich selbst kennen zu lernen.
3. Wenn du weißt, wo deine Stärken liegen, dann bist du auch deinen Gefühlen nicht mehr hilflos ausgeliefert. Du kannst sie steuern. In den Momenten, wo du dich unsicher und ängstlich fühlst, solltest du dich an diese Liste und deine Erfolge erinnerst. Es wird sich sofort ein Gefühl der Sicherheit einstellen. Probiere es aus und du wirst überrascht sein, wie wohl dir dabei wird, wie gut es dir dabei geht! Du bist den Gefühlen nie mehr ausgeliefert, du kannst sie steuern.
4. Gute Gefühle geben Kraft. Mit jedem Gedanken an frühere Erfolge werden wir stärker und können auch schwierigere Herausforderungen meistern.

Um dieses Erfolgsgefühl in dir zu stabilisieren, würde ich, vorschlagen, für einige Wochen ganz gezielt mit dieser Liste umzugehen. Schreib dir aus der Liste die angenehmsten Situationen heraus, mach dir Merkzettel und lege sie an Stellen im Haus und am Arbeitsplatz, die oft in deinem Blickfeld sind. Hier ein paar Ideen: Ich hatte sie in der

Handtasche / Brieftasche,
im Geldbeutel,
am Badezimmerspiegel,
auf meinem Schreibtisch,
am Computer
und im Auto.

Die Pinwand ist ebenso geeignet, aber auch der Terminplaner oder das Telefon, je nachdem, was du öfter benutzt. Bei jedem Hinsehen und Lesen konzentrierte ich mich kurz und intensiv auf das Gefühl der Zufriedenheit. Ein Kind fasst nur einmal in eine Flamme. Es sind die Gefühle, mit denen Lernprozesse im Langzeitgedächtnis gespeichert werden. Fühle jedes Mal dieses Gefühl der Selbstachtung, dieses mit-sich-selbst-zufrieden-Sein. Ein zufriedenes, harmonisches Gefühl bringt Situationen mit zufriedenen Gefühlen hervor. Sie werden in unser Blickfeld kommen wie die Autos, die plötzlich überall herumfahren. Wenn wir zufrieden und entspannt sind, gehen wir lockerer durchs Leben, und können Impulse der Intuition besser wahrnehmen, die uns zu weiteren befriedigenden Situationen leiten.

Zielsetzung

1.   Was wünscht du dir?

2.   Welches deiner Talente möchtest du verstärken?

3.   Wie möchtest du sein?

4.   Was möchtest du erreichen?

5.   Was interessiert dich?

Bleibe realistisch und achte darauf, dass du dir selbst glauben können musst, dass du das Ziel aus eigener Kraft erreichst. Suche dir Vorbilder, schau ihnen ab, wie sie vorgehen und mach es ihnen nach. Es wird dir anhand von Vorbildern leichter fallen, dir eine Vorstellung davon zu machen, wie es aussehen würde, wenn du diese Fähigkeit schon hättest. Achte darauf, dass es ein von innen kommender Wunsch ist, ein Herzenswunsch.

Wenn du dir selbst oder jemand anderem damit etwas beweisen willst, ist es ein von außen kommender Wunsch, der auf unbewussten Ängsten beruht. Was dann passiert, können wir uns leicht ausmalen. Ängste sind unter Umständen mit mehr Gefühl besetzt, als unser Wunsch. Durch die höhere Gefühlsladung verwirklichen sie sich schneller, und wir werden mit ihnen erneut konfrontiert. Angst wirkt nach außen wie wir wissen. Hunde spüren die Ausstrahlung des Menschen und wissen, ob ein Mensch Angst vor ihnen hat. So wie sich mein Wunsch einen Parkplatz zu finden verwirklicht hatte, wird auch die Angst auslösenden Situation erneut wirklich. Sie kommt von außen wieder auf uns zu wie ein Bumerang. Daher ist es unsinnig, jemandem etwas beweisen zu wollen. Es macht unnötige Probleme. Denken wir daran, dass jeder von uns eine Sonderanfertigung ist, ein Unikat mit ganz eigenen Gedanken, Gefühlen und Verhaltensmustern, dann brauchen wir uns nicht zu vergleichen.

Erkenne deine eigenen Talente und Begabungen. Wenn du dir bisher nie klar gemacht hast, worin deine Stärken bestehen, dann wirst du dich jetzt besser fühlen. Du hast begonnen, dich wichtig zu nehmen. Man hat uns dazu erzogen, unsere eigenen Bedürfnisse hinten anzustellen und andere Menschen wichtiger zu nehmen, als uns selbst. Wir haben uns dadurch selbst verleugnet und uns von uns selbst getrennt. Das erzeugte in uns Unmut, Verdruss und schlechte Gefühle. Es ist daher ganz wichtig, dass du dir selbst gegenüber eine stärkere Verpflichtung eingehst, dich selbst wieder wichtig zu nehmen. Ein erfülltes Leben kannst du nur führen, wenn du weißt, was dich erfüllt, mit was du dich wohlfühlst. Das braucht Geduld mit sich selbst Aufmerksamkeit, Selbstachtung und die obige Liste.

Lerne dich kennen und bringe das Set deiner Talente in möglichst vielen Kombinationen in die Welt. Das Leben soll nicht ernst und schwer sein, wir hatten nur vergessen, dass wir uns und die Umstände selbst gestalten.

Tagesplanung

Ich habe in meinem Erlebnisbericht darauf hingewiesen, dass wir uns leichter tun, wenn wir Tätigkeiten vorplanen. Ich hatte festgestellt:

> **Der Körper ist leistungsfähiger, wenn man ihm schon vorher sagt, was man am nächsten Tag zu tun beabsichtigt.**

Auch das betraf ja nicht nur den sportlichen Bereich, sondern ebenso mein tägliches Leben, wie die vorprogrammierte Autofahrt oder die Gästewohnung. Mir ist daher für dieses Buch folgende Aussage besonders wichtig:

> **Jede Tätigkeit, jede Aktion kostet weniger Kraft und ist leichter durchzuführen, wenn sie bewusst geistig vorbereitet wurde.**

Bei kleinen Zielen genügt eine einmalige Vorstellung, oft reicht es, nur die Absicht einmal ganz klar zu äußern. Wir müssen dabei nicht alle Einzelheiten uns vorstellen. Bei größeren Zielen, und vor allem beim Einüben von Fähigkeiten, brauchen wir unter Umständen mehrere Tage bis zu drei Wochen, und müssen tatsächlich alle Details tagtäglich visualisieren, bis diese Fähigkeit fest in uns verankert ist. Ob Worte oder Bilder stärker wirken, ist von Mensch zu Mensch unterschiedlich. Bei mir sind es Bilder, und ich glaube, dass die Effizienz unserer Handlungen in erster Linie aus unseren

Vorstellungsbildern kommt. Bilder sind schneller als Worte. Wichtig ist vor allem das Gefühl der Freude zu fühlen, ein „Wöhli", wie es ein bekannter Schweizer Unternehmensberater nennt. Die Verwirklichung ist abhängig davon, wie viel Energie wir für dieses Vorhaben zur Verfügung haben, wie viele Zweifel und Ängste wir schon überwunden haben, wie sehr wir uns selbst glauben können, dass wir es schaffen. Das muss in dir gefühlt werden. Du kannst dir zwar sagen „Ich bin stark!", aber wenn du es nicht fühlen kannst, bringt es dir nichts.

Wir sollten daher mit kleinen, unwichtigen Zielen beginnen. An ihnen hängen keine großen Ängste, sie können sich leicht verwirklichen. Wenn du schon mit Erfolg einiges ausprobiert hast, dann nimmt dein Vertrauen in diese unsichtbaren Ebenen zu, was wiederum Energie freisetzt. Diese Kraft steht dir dann für immer größere Ziele zur Verfügung. Du glaubst dir, hast Vertrauen in die inneren Ebenen und dein Glaube kann Berge versetzen.

Wir können langfristig gesteckte Ziele oder auch das große Ziel, das ich weiter hinten anspreche, bis zu drei Wochen affirmieren, eventuell auch noch Teilziele, dann jedoch sollten wir sie vergessen und ruhen lassen. Irgendwo im Augenwinkel ist zwar immer noch dieses Ziel präsent, aber es ist besser, sich jetzt nur noch auf den nächsten Tag vorzubereiten. Unsere Tagesplanung sollte den beruflichen Bereich umfassen, wie auch alle anderen Aktivitäten des Tages, einschließlich Haushalts- und Freizeitaktivitäten. Je bewusster wir unsere Handlungen vorbereiten und ausführen, um so weniger Zufälle, ja auch Unfälle passieren uns, um so weniger Zeit brauchen wir auch, um die Ziele für ein zufriedenstellendes Leben zu erreichen.

Auf ein mögliches Gesamtziel weise ich später hin. Es führt hinein in universelle Ebenen.

Meine Ziele

....
....
....
....
....
....
....
....
....
....
....
....
....
....
....
....
....
....
....
....
....
....
....
....
....
....
....
....
....
....

Es ist unsinnig sich etwas vorzustellen, von dem wir nicht glauben, es erreichen zu können oder dessen nicht wert zu sein. Setze dir Ziele, von denen du glaubst, dass du sie selbst in Existenz bringen kannst. Einen Lottogewinn würdest du dir nicht glauben, und du kannst selbst wenig dafür tun. Doch um das Tun, das Handeln, das sich selbst zum Ausdruck bringen geht es und um Selbsterkenntnis. „Erkenne dich selbst!" steht schon am Tempel in Delphi. Finde heraus, was sich für dich gut anfühlt, was du gerne tust und fang an, in diese Richtung zu handeln.

☞

Sei ein praktizierender Idealist, der jeden Tag einen kleinen Schritt in die Richtung seiner bestmöglichen Erfüllung macht.

Wenn wir uns oft gut fühlen, merken wir im Laufe der Zeit, dass unsere gestalterischen Kräfte immer mehr zunehmen, dass wir ersehnte Fähigkeiten immer schneller erwerben können. Das Leben wird dadurch einfacher. Wir trauen uns immer mehr zu, wir werden selbstbewusst.

Es macht nichts, wenn wir uns hin und wieder etwas kreieren, von dem wir dann feststellen, dass es uns gar nicht befriedigt. Wir klären damit unsere wirklichen Bedürfnisse nach dem, was uns erfüllt, und was nicht. Es passiert uns unter Umständen auch, dass wir ein Ziel zu hoch stecken. Wir merken es daran, dass ein leiser, zweifelnder Gedanke im Hintergrund aufkommt: "Ob ich das wohl schaffe?" und schon ist das Scheitern in die Nähe gerückt.

Sind wir zu ungeduldig und kontrollieren ständig, ob das Bestellte denn nun schon eingetroffen ist, führt das zum gleichen Ergebnis. Wir misstrauen dem Universum, geben mit Angst besetzte Gedanken mit einer enormen Gefühlsladung in den Computer. Die ursprüngliche Absicht wird behindert. Daraus ergibt sich, dass es viel leichter ist, Vorstellungen zu verwirklichen, die einem nicht so wichtig sind. Sie erfüllen sich fast von selbst. Wir bleiben locker und entspannt, sind auch so zufrieden, und die Eingebungen von innen können leicht wahrgenommen werden.

Braucht man jedoch etwas ganz dringend, dann ist es schwerer, weil wir angespannt sind und unsere inneren Impulse nicht mehr spüren. Die Erwartungshaltung ist zu groß, zu viele Ängste sind daran gekoppelt. Sie mögen aus negativen Erfahrungen stammen oder einfach auf mangelndem Glauben beruhen.

Wer sich als Erstes einen neuen Partner wünscht, ohne vorher sein Vertrauen in seine mentalen Kräfte gestärkt zu haben, wird glauben, dass das selbst Gestalten nicht funktioniert. Es ist deshalb sehr wichtig, mit kleinen, eher unwichtigen Dingen zu beginnen. Bei der Tagesplanung sollten wir unsere Ziele nur so hoch ansetzen, dass wir sie leicht erreichen können. Ich neigte dazu, mir zu viel vorzunehmen. Abends war ich dann unzufrieden mit meinen Ergebnissen. Oft beschimpfte ich mich gar wegen meiner Unfähigkeit. Mein Computer jedoch hörte zu. Er hielt alles für zu sich gesagt, für einen Wunsch. Er sorgte dafür, dass ich immer weniger schaffte und meine Unfähigkeit nahm zu. Ich hatte sie selbst programmiert. Daher ist es ganz wichtig, vor allem zu Anfang, lieber etwas weniger auf den Plan zu schreiben, und es dann leicht zu schaffen. Denn dann legen wir uns abends mit einem Gefühl der Zufriedenheit ins Bett. Das Gefühl aber ist der Motor, es wird uns von Tag zu Tag zu mehr Zufriedenheit führen, und wir schaffen dann tatsächlich mehr. Manchmal ist etwas Geduld nötig, aber mit jedem Erfolg in unter Umständen auch kleinsten Schritten wächst das Vertrauen in die eigene Gestaltungskraft. Mache dir mehrmals am Tag bewusst, dass du dir mit deinen Gedanken und Einstellungen deine eigene Wirklichkeit erschaffst. Lege dir einen Merkzettel oder eine schöne Postkarte hin, die dich daran erinnern, kurz dein Denken zu überprüfen. Ich hatte mir für eine Weile eine Uhr zu Hilfe genommen, die stündlich einmal piepst. Jedes Mal habe ich mich neu ausgerichtet.

Ich fasse noch einmal kurz zusammen, um was es meiner Ansicht nach geht:

Deine Aufgabe besteht darin, deine Motivation, deine Erwartungen und das innere Selbstgespräch zu überprüfen.

Indem du dir als stiller Beobachter zuhörst, machst du sie dir bewusst.

Jetzt kannst du entscheiden, ob du sie auch weiterhin als erstrebenswert empfindest oder ob du dein Interesse auf befriedigendere Bereiche richten solltest.

Setze dir neue Ziele und bringe sie durch Affirmation und Vorstellungen mit Begeisterung in Existenz.

Indem du so tust, als ob es schon so sei, als sei die Wirklichkeit schon so, wie du sie dir erwünschst, holst du die Zukunft ins Jetzt, in den jetzigen Moment und da liegt die Kraft. Dein Interesse bündelt die Kräfte und du gestaltest deine Wirklichkeit konstruktiv im Sinne eines befriedigenden Lebens.

Im Laufe der Zeit lernst du jeden deiner Impulse kennen und wirst ein Meister deiner Gedanken und Gefühle.

Dieses sich selbst Beobachten sollte nicht in eine Analyse ausarten, sondern eher in ein inneres Gewahrsein, in Bewusstheit und Achtsamkeit.

Wir sollten uns bewusst sein,
wie wir stehen oder gehen,
bewusst sein, was wir sagen, wie wir sprechen,
bewusst sein, was wir denken und fühlen.

Bleibe gelassen und ruhig in Umständen, die noch nicht so optimal sind. Die Beobachterposition zwingt dich in die Gegenwart. Hier im Jetzt ist der Verstand zurückgenommen. Von hier aus ist es leicht, sich zu beobachten ohne zu werten. Übe täglich diese unmittelbare Gegenwärtigkeit. Hier ist die unbegrenzte Kraft, sie wird dich zu immer mehr Freude führen.

Klärung der Zielbestimmung

1.) Was genau willst du erreichen? Achte darauf, dass das Ziel in deiner eigenen Macht stehen muss.

Indem du dich fragst: „Wozu ist das wichtig?", klärst du deine Motivation.

2.) Frage dich auch, ob es noch andere Wege gibt, diesem Bedürfnis Rechnung zu tragen.

3.) Kläre dann genau, woran du merken wirst, wenn du das Ziel erreicht hast.

Was siehst du?
Was hörst du?
Was fühlst du?

4.) Wäge dann die Vorteile gegen die eventuellen Nachteile ab, bleibe aber zielorientiert, statt problemorientiert.

5.) Welche Hilfsmittel hast du bereits, und welche müssen noch geweckt werden? Suche dir Vorbilder.

6.) Wenn du alle diese Zwischenstufen abgedeckt hast, zeigt sich das durch tiefen, ruhigen Atem, eine entspannte Haltung und ein zufriedenes Gefühl.

Ablauf des Gestaltens

Die Zeit, die du aufwenden solltest, ist für jeden Anlass verschieden. Das ist subjektiv total unterschiedlich und richtet sich nach deiner mentalen Kraft. Du musst ausprobieren, was für dich wirkt, und wie lange du brauchst, um Vorstellungen wirklich werden zu lassen. Eine entspannte Grundhaltung ist in jedem Fall hilfreich, denn sie lässt mehr Energie in den Wunsch fließen. Für größere Ziele hier ein Ablauf als Vorschlag:

○

*Setze dich bequem hin und entspanne dich. Schließe dich an die universelle Energie an, indem du dich auf die senkrechte Achse von Sternen- oder Wolkenhöhe zum Erdmittelpunkt einstellst. Dann mache dir ein Bild der Situation, die du gerne hättest. Sieh auf deinem inneren Bildschirm alles so vor dir, **als ob es schon so sei** (5 bis 10 Minuten täglich). Geh in der Situation spazieren, bewege dich, fühle dich. Deine Aufmerksamkeit sollte während dieser 5-10 Minuten zentriert sein in diesem Geschehen. Je lebensnaher, farbiger und plastischer dein Bild ist, desto schneller lernen das Gehirn und der Körper diese neuen Möglichkeiten zu akzeptieren. Lass deine Assoziationen spielen und lass dir möglichst viele Details einfallen, die diese Situationen noch begeisternder machen, dich noch mehr motivieren. Ein Gedanke sollte mühelos zum nächsten führen, denke eine ganze Kette von Gedanken, die konstruktiv, positiv und harmonisch sind und deinem Wunsch entsprechen. Achte vor allem auf die Gefühle der Freude, auf das Wohlgefühl, das sich einstellt, wenn du das Ziel erreicht hast, es bist oder schon kannst. Handle intensiv in der Vorstellung so, als ob dein Wunsch schon erfüllt sei. „ Ich bin das schon!", ist eine günstige, bestätigende Selbstaussage.*

Beginne mit kleinen, leicht erreichbaren Wünschen oder Bestellungen, von denen du glauben kannst, dass sie erfüllt werden. Sie brauchen unter Umständen nur Stunden oder Tage, bis sie Wirklichkeit werden. Dadurch gewinnst du Vertrauen in deine Fähigkeiten. Größere Ziele, wie ich sie im Sport gestaltet habe, brauchen mehr Energie. Auch wenn du eine bestimmte Fähigkeit im Beruf erarbeiten willst, brauchst du unter Umständen bis zu drei Wochen. Je plastischer, farbiger und lebensnaher wir diese inneren Vorstellungen simulieren können, je mehr wir sie aus dem inneren Zentrum unserer Gefühle begeistert immer wieder so erleben können, **als ob es schon so sei,** desto schneller lernen wir, erwünschte Fähigkeiten in bestimmten Situationen anzuwenden und Aufgaben zu meistern. Wir holen damit die Zukunft ins Jetzt, jetzt können wir es schon, jetzt gelingt uns alles. Der Körper verwirklicht jede Vorstellung als Haltung, Gestik, Mimik und innere Sicherheit. Nach einer Reihe von Visualisierungsübungen, manchmal auch erst nach Wochen, strahlen wir dieses in der Simulation gewonnene Können nach außen aus, und man traut uns diese Fähigkeit zu.

Ich erinnere noch einmal daran, dass das Gehirn nicht unterscheiden kann, ob wir etwas wirklich tun oder es uns nur vorstellen. Die Absicht und der Glaube an das Können, reichen aus, um erfolgreich zu speichern, wenn die Vorstellung genährt wurde durch Gefühle von Begeisterung und Vorfreude.

☺ Bedanke dich für jeden erfüllten Wunsch beim Universum, auch für die ganz kleinen.

☺ Führe Buch über deine Fähigkeiten. Es wird dir helfen, immer sicherer zu werden in der Anwendung deiner Gestaltungskraft.

Beim Sport war es einfach, sich die Wünsche zu merken. Betraf es jedoch Situationen des täglichen Lebens, passierte es leicht, dass ich meine Wünsche vergessen hatte, dann wie selbstverständlich in Empfang nahm, was mir erfüllt wurde. Ich vergaß, dass ich es bestellt hatte, und meinte, das selbst

Erschaffen funktioniere nicht. Für mich war es daher wichtig aufzuschreiben, was ich bestellte. Erst dann begriff ich, wie oft mir meine Wünsche schon erfüllt wurden.

Sollte es bei dir also nicht gleich funktionieren, dann lass dich bitte nicht entmutigen. Finde selbst heraus, wie du es schaffst, dass deine Kräfte nicht dahin fließen, wo du sie hin haben wolltest. Entweder ist das Ziel zu groß und du hast unbewusste Zweifel, Ängste und Befürchtungen, oder du kannst das Ziel nicht wirklich loslassen, es ist dir zu wichtig. Suche dir kleinere, unwichtigere Ziele für den Anfang und steigere dich im Laufe der Zeit. Wünsche dir ein Lächeln von einem Menschen, wünsch dir ein besonders nettes Gespräch, wünsch dir, dass jemand anruft. Steigere dich dann, und wünsche dir Parkplätze. Sei dankbar für alles, für jeden kleinsten, erfüllten Wunsch, für jede erfüllte Bestellung und freue dich aufrichtig und ganz bewusst für jede Hilfe durch das Universum oder die höchste Kraft. Beides sind Gefühle, die letztlich bewirken, dass du immer mehr Zutrauen zu dir selbst gewinnst.

Wichtig:

Für größere Ziele:

Wir sollten immer nur einen Wunsch für längstens drei Wochen affirmieren, nicht mehrere gleichzeitig, denn das würde die Energie wieder zerstreuen.

Bitte Stillschweigen bewahren!

Wir sollten auch anderen Mitmenschen nichts von unserer Bestellung erzählen, sonst kommen wir in Zugzwang, vielleicht gar unter Stress. Wir haben Angst, dass wir es nicht schaffen könnten, sind dadurch angespannt, und genau das verhindert mit großer Wahrscheinlichkeit die Erfüllung des Wunsches. Wir sind dann auch nicht locker genug, um die Signale von außen oder innen wahrzunehmen, wir verpassen Hinweise und Gelegenheiten. Ebenso kann es passieren, dass andere, denen wir von unserem Vorhaben erzählen, uns durch ihren Unglauben, durch spöttische Bemerkungen oder Gedankenprojektionen verunsichern und damit den Erfolg in Frage stellen. Daher ist Stillschweigen besser, einfach nur tun.

Große Ziele

Setze dir Ziele, große Ziele wie:

**Dich selbst bestmöglichst zum Ausdruck
bringen durch Selbsterkenntnis.**

Du richtest dein Interesse darauf aus, deine einmalige Kombination von Talenten und Begabungen wahrzunehmen und flexibel genug zu sein, um ständig neue Möglichkeiten zu entdecken, sie auszudrücken. Deine innere Zufriedenheit wird kontinuierlich zunehmen. Es kann durchaus sinnvoll sein, in einigem Abstand dieses große Ziel erneut zu affirmieren. Die Gestaltungskraft erhöht sich mit dem Vertrauen und der Freude, die in dein Leben kommt. Diese Affirmation beinhaltet auch, dass du erkennst, wer du wirklich bist.

Vorplanung des Tages

Gehe mit jedem neuen Tag einen Schritt in Richtung dieses großen Zieles, indem du eine Planung für diesen einzigen Tag machst. Bleibe gleichgültig gegenüber vorhergegangenen Tagen und dem, was da passiert ist. Bleibe gelassen und fange jeden Tag neu an.

Schreibe dir möglichst schon am Abend vorher auf, was du alles erledigen willst. Lege fest, wie viel Zeit du für die einzelnen Aufgaben benötigst. Nimm dir vor, dass du alles ohne Störungen, Unterbrechungen und Ablenkungen erledigst.

○ *Dann entspanne dich tief, nimm Kontakt auf zur univer-*
sellen Kraft, lass Begeisterung aus anderen Situationen
einfließen und stelle dir vor, wie du diese Aufgaben erle-
digst oder schon erledigt hast. Fühle zum Abschluss
Freude und Zufriedenheit über die erledigte Arbeit.

Ein vorausgeplanter Tag verläuft anders, als ein nicht vorbe-
reiteter. Machen wir es wie die Schützen, die schlechte Ergebnisse sofort vergessen. Vergleichen wir nicht mit vorausgegangenen Tagen, sondern bringen wir uns an diesem
einen Tag freudevoll ein mit allem, was wir können. Leben
wir jeden einzelnen Tag so, als wäre es der einzige, den wir
haben.

Glaubenssätze

In der Kindheit und Jugend übernehmen wir die Glaubenssätze, Einstellungen und Überzeugungen von unseren Be-
zugspersonen, was für diese Lebensphase sehr hilfreich ist.
Wir können so in aller Ruhe aufwachsen. Später, etwa ab
dem 20. Lebensjahr, ist es notwendig, diese Überzeugungen
und Einstellungen daraufhin zu überprüfen, ob sie auch für
unser eigenes Leben gültig sind. Tun wir das nicht, dann
können sie sich sehr hinderlich auswirken. Überzeugungen
bündeln das Interesse, engen es sogar mitunter sehr ein,
und blenden damit andere Erfahrungen aus. Der Glaubenssatz, dass wir die Umwelt objektiv beobachten können und
keinen Einfluss darauf haben, behindert uns am meisten,
denn daraus folgert die Überzeugung:

Ich bin den Lebensumständen machtlos ausgeliefert!

Hier noch weitere einengende und demotivierende Überzeugungen, die auf dieser Einstellung beruhen:

Ich bin ein Opfer der Umstände.
Die Welt ist ein Jammertal.
Ich bin hilflos und kann nichts tun.
Es ist sowieso schon alles zu spät.
Ich bin total überfordert.
Das Leben ist eine einzige Plackerei.
Was kann ich als Einzelner schon tun?
Die große Katastrophe kommt bestimmt.
Diese Welt ist nicht mehr zu retten.

Achten wir darauf, dann werden wir eine Menge anderer Glaubensüberzeugungen finden, die sich sehr destruktiv auswirken. Sie basieren oft auf dem Glauben, dass wir Opfer sind und nichts tun können.

Wir sollten diese alten Glaubenssätze nicht einfach ablehnen. Sie stärken sie nur das, wogegen wir sind. Widerstand bringt keine Lösung. Wir sollten das, was ist, akzeptieren, das spart Energie.

Was ist, ist!

Widerstand bewirkt das Gegenteil dessen, was wir anstreben, denn Gedanken sind Kräfte. Wenn wir gegen etwas sind, dann geben wir die Energie unserer Gedanken genau diesem Aspekt, gegen den wir sind. Er wird dadurch gestärkt, und sorgt mit einer häufig starken Gefühlsladung für eine schnelle, erneute Verwirklichung. Das, was wir abgelehnt haben, kommt erneut auf uns zu.

Besser ist es, gelassen zu bleiben und sofort harmonische und konstruktive Gedanken zu denken, um die Gefühle wieder zu harmonisieren.

Das alte Muster deiner Einstellungen wird am schnellsten geändert durch kraftvolle gute und angenehme Gefühle. Dann sollten wir uns fragen, was wir statt dessen gerne hätten, und sofort den alten Glaubenssatz durch einen konstruktiven Satz ersetzen. Ganz wesentlich ist dabei, die angenehmen Gefühle zu fühlen, die sich dabei entwickeln. Auch sie können durch Bilder anderer Situationen gestärkt werden. Mit viel Gefühl wird intensiver und schneller ins Langzeitgedächtnis gespeichert. Es sind in erster Linie diese starken, guten Gefühle, die im Laufe der Zeit das Muster der alten Überzeugung verändern.

Ändere bitte auch deine Einstellung bezüglich der Aggression: Aggression ist an sich gut, denn aggredere heißt „an etwas herangehen, heranschreiten".

☞ **Es ist die Eigenmacht des Handelns.**

Erst die Angst vor Handlung führt zu Stauungen bis hin zu Macht in der unangenehmen Form, zu Gewalt oder zur anderen Seite der Selbstzerstörung aufgrund falscher Glaubensüberzeugungen. Wir wünschen nicht konstruktiv, doch Wünschen ist Fleiß! Die tägliche Vorplanung des kommenden Tages regt Handlungsimpulse an. Du handelst leichter und kannst ganz konsequent täglich kleine Schritte machen, um dich und deine Fähigkeiten zum Ausdruck zu bringen. Die Energien fließen dann in eine neue Richtung. Sie fließen in die Richtung von Zufriedenheit. Dein Interesse bündelt die mentalen Kräfte zu einem Laserstrahl. Es setzt im Laufe der Zeit auch aus den angstbesetzten und gestauten Bereichen Energien frei. Dein Interesse an Zufriedenheit bringt immer mehr zufriedenstellende Situationen in dein Leben. Deine Gedankenkraft wird konstruktiv eingesetzt. Für die Angstmuster bleibt weniger Kraft übrig, sie lösen sich nach und nach auf.

Noch einen Glaubenssatz möchte ich hier ansprechen. Auch er hat mit erlernten, alten, völlig unbewussten Einstellungen zu tun. Häufig setzen wir Aggressivität und Macht gleich. Die Macht des Handelns ist damit Aggression. Viele Menschen, auch Jüngere, haben Angst vor Handlung, weil Macht und Aggression als böse angesehen werden. Tugendhaft wäre demnach die Machtlosigkeit, die Ohnmacht und damit das

Nicht-Handeln. Doch das ist Unsinn, wir müssen handeln. Denn wie ich in meinem Erfahrungsbericht ausführte:

Handeln ist in physische Bewegung gebrachtes Denken.

Da wir alle fast unausgesetzt denken, ist es absolut notwendig, machtvoll, kraftvoll und freudevoll zu erschaffen und zwar das, was uns gut tut. Denn tun wir das nicht, dann stauen sich die Handlungspotentiale an und machen Störungen. Generalisiert könnten wir sagen:

Wir kreieren immer, weil wir ständig denken und wir bekommen immer das, was wir bewusst oder unbewusst selbst erschaffen haben.

Wichtig ist dabei die grundsätzliche Einstellung zur Handlungsfähigkeit. Hier scheine ich von aktuellen Umfragen bestätigt zu werden. Gehen wir davon aus, dass jeder Einzelne ein ganz individuelles, einmaliges Set an Begabungen und Talenten hat, dann fragt er sicher eher danach, wie er diese Fähigkeiten anwenden und ausdrücken kann. Er leistet damit seinen ganz individuellen Beitrag zur Gestaltung dieser Welt. Daraus zieht er seine Befriedigung. Erst in zweiter Linie steht, was er dafür bekommt. Wenn jemand etwas gerne tut, zufrieden damit ist, dann strahlt er diese Zufriedenheit nach außen aus. Andere spüren das und er hat Erfolg mit dem, was er tut. Gehen wir davon aus, dass jeder Einzelne irgend etwas besser kann, als alle anderen Menschen auf dieser Welt, dann gibt es sicherlich auch Nachfrage danach. Obwohl wir oft glauben für uns zu arbeiten, für unser Obdach, für Nahrung und Kleidung, arbeiten wir doch in Wirklichkeit immer für andere. Wir alle sind voneinander abhängig. Kein Mensch baut selbst Getreide an, backt, schlachtet, baut Autos und repariert den Computer zu gleicher Zeit. Wir haben uns spezialisiert. Jede Tätigkeit dient irgendwie anderen. Folglich dient jeder jedem. Wenn wir uns bewusst machen, dass alle etwas für uns tun, setzen auch wir unsere Fähigkeiten freudiger ein.

Wenn wir dann trotzdem hin und wieder etwas tun müssen, was wir nicht so gerne tun, dann sollten wir uns nicht bedauern und das Opfer spielen. Wir waren auch an dieser Situation gestaltend mitbeteiligt. Freiheit und die Kraft gewinnen wir zurück, wenn wir das akzeptieren, und uns dann dafür entscheiden, es zu tun. Gleichzeitig sollten wir unsere mentalen Kräfte einsetzen, um Situationen zu erschaffen, die wir uns wünschen. Ein sehr konstruktiver Glaubenssatz ist:

**Ich kann alles, ich bin schon alles, ich habe alles,
ich brauche es nur noch in Existenz zu bringen,
indem ich so tue, als ob es schon so sei.
Es wird sich verwirklichen.**

Du kannst alles erreichen, nur eines solltest du dir dabei immer vor Augen halten, damit du später nicht enttäuscht bist: Erfolg ist nicht so sehr an äußeren Dingen zu messen, die können uns leicht verloren gehen und lösen daher Angst aus. Wirklicher Erfolg kommt von innen und ist ein Bewusstseinszustand.

**Es ist das Wissen um die schöpferische Kraft,
die alles, was wir uns vorstellen können,
in Existenz bringt. Wir erschaffen mit ihr ganz
bewusst aus reiner Lebensfreude
und lassen das Erschaffene wieder los.**

Wir brauchen es ja nicht festzuhalten, weil wir ständig neu erschaffen können. Das Leben wird zur reinen Freude.

Und hier noch einmal: Solange ich wünsche, bringe ich einen Mangel zum Ausdruck, nämlich etwas, das ich noch nicht habe. Was sich daraus ergibt, ist die Verlängerung von Mangel. Tue ich hingegen so, **als ob es schon so sei,** als habe ich schon alles, dann brauche ich nur noch zu wählen aus dem riesigen Angebot an Möglichkeiten und kann es mir bestellen (wie in dem Versandhaus von Bärbel Mohr, in dem alles schon vorrätig ist). Das Gefühl der vorweggenommenen Dankbarkeit bringt es in Existenz.

Entscheidung und Verpflichtung

Notwendig ist ein einmaliger Entschluss: Ab sofort bringe ich das Set meiner Begabungen und Talente bestmöglichst im Sinne des Ganzen zur Entfaltung.

Ich
achte mich,
ich achte auf mich,
ich habe Selbstachtung,
denn ich bin ein Unikat,
eine Sonderanfertigung,
wie jeder andere Mensch auch.

Fange jetzt an zu leben,
und zähle jeden Tag
als ein Leben für sich.

Seneca

Zusammenfassung

Es ist kein Fehler hinzufallen, ein Fehler ist es erst, wenn wir uns weigern aufzustehen. Ein Weiser schüttelt sich den Staub von den Füßen und geht weiter. Fehler sind Lernschritte! Du solltest dir selbst deine Fehler vergeben und sie loslassen. Tust du das nicht, werden sie wieder zur Bestellung, sie begegnen dir erneut und du kannst erneut daran üben, dir Fehler zu vergeben.

Alle Beurteilungen und Wertungen kommen wieder auf uns zu. Sie werden in unseren eigenen Computer eingegeben, der nicht unterscheiden kann, zu wem gesprochen wird. Er hält alles für zu sich gesagt. Jede Wertung wird dadurch erneut zur Kreation. Wir erschaffen genau die Situation erneut, die wir bewertet haben.

Der einfachste Weg wäre, einfach aufzuhören mit dem Bewerten. Da die unbewussten Muster sich aber wie ein Schwungrad noch eine Weile weiterdrehen, ist es zunächst sinnvoller, deinen Verstand nutzbringend einzusetzen. Wenn du dich mit dem beschäftigst, was in deinem Leben schon erfolgreich abgelaufen ist, du dadurch konstruktive Gedanken denkst, bündelt dein Interesse einen großen Teil der mentalen Kraft. Den destruktiven Gewohnheitsgedanken wird damit die Energie entzogen.

Kreierst du, erschaffst du kontinuierlich, täglich, dann wird sich auch dein Leben nach und nach in die Richtung entwickeln, wie du es dir vorstellst. Die Kräfte wirken auch nach außen, also ändert sich dein Umfeld kontinuierlich mit.

Es macht nichts aus, wenn du dir hin und wieder etwas erschaffst, was dich dann nicht wirklich befriedigt. Du klärst damit, was dich definitiv zufrieden stellt. Wünschen, bestellen und selbst gestalten ist Fleiß!

Verfolge dein großes Ziel in kleinen Schritten. Erkenne dich selbst, indem du immer wieder darauf achtest, wie du dich in den verschiedenen Situationen fühlst. Was sich für dich gut anfühlt, das ist deins.

Übe Gelassenheit - das heißt, alles so lassen zu können, wie es ist - in Situationen, die sich für dich noch nicht so optimal anfühlen, damit gibst du ihnen möglichst wenig Kraft. Sie drücken das bisher unbewusst Gestaltete aus. Richte deine Aufmerksamkeit sofort auf konstruktive Gefühle, indem du dir angenehme Vorstellungen machst, und harmonisiere das schlechte Gefühl. Damit verändern sich deine alten Muster. Gestalte dir immer öfter für dich zufriedenstellende Situationen und achte auf dich.

Ändere vor allem deine Überzeugung, dass du nichts tun kannst. Du bist in der Lage, konstruktiv zu wählen und dir dein Leben selbst zu gestalten, indem du die universellen Kräfte anrufst und mit ihnen ganz bewusst das erschaffst, was dich befriedigt. Das sollte jedoch nicht auf Kosten anderer gehen.

Nicht die Dinge sind es,
die den Menschen beunruhigen,
sondern das,
was sie über diese Dinge denken.

Epiktet

Vom Mentaltraining zur spirituellen Tatkraft

Jetzt will ich noch kurz berichten, wie sich mein mentales Training zur spirituellen Seite hin entwickelte. Auch wenn du meinst, dass du das noch nicht brauchst, solltest du es kurz durchlesen. Es ist wichtig, denn ich habe jahrelang Fehler gemacht, die ich dir ersparen möchte.

Ein paar Worte noch zur Vorgeschichte: In der Zeit nach dem Leistungssport versuchte ich in Kindersendungen eine erweiterte Sicht unserer Realität zu vermitteln. Als sich diese nicht gleich verkaufen ließen, ich aber ermunternde Rückmeldung bekam, begann ich ein Kunststudium, wie ich vorne schon andeutete. In dieser Zeit wurde ich mit völlig neuen Phänomenen konfrontiert, wusste jedoch noch immer nicht, wie das mit dem bewussten Gestalten denn nun genau funktioniert. Bis dahin hatte ich keine Bestätigungen gefunden.

Ich suchte in vielen Bereichen nach Parallelen zu dem, was ich erlebt hatte, beschäftigte mich zunächst mit Kunstgeschichte, Psychologie und Parapsychologie, mit Symbolik und Alchemie. Für alle erlebten Phänomene wünschte ich Erklärungen, besuchte Seminare, machte Fortbildungen und lernte immer wieder Menschen kennen, die mir weiterhalfen. Jahrelang hatte ich das mentale Training und das bewusste Erschaffen von Realität wenig genutzt wegen dieser Unklarheiten. Ich war daher richtig erleichtert als mich Anfang der 90er Jahre eine Freundin bat, eine für sie besprochene Kassette anzuhören und ihr zu helfen, die Bedeutung zu erfassen. Hier bekam ich endlich Bestätigung und was ganz wichtig war: Es half mir die Gestaltungskraft in einen größeren Rahmen einzuordnen, mit dem ich überhaupt nicht gerechnet hatte.

Wille = Absicht, Idee = Wort/Vorstellung und Gefühl, diese drei Grundlagen mit denen wir Handlungspotentiale anregen und unsere Wirklichkeit erschaffen, werden im folgenden Text noch einmal anders erläutert. Beim ersten Anhören der Kassette regte sich bei mir ganz beträchtlicher Widerstand. Ich hätte sie am liebsten gleich als religiöses Geschwätz abgetan. Die Freundin jedoch erwartete, dass ich etwas zu den Teilen sage, die sie persönlich betrafen. Folglich hörte ich mir den vermeintlichen Unsinn an und horchte auf, als vom Gestalten eines Parkplatzes berichtet wurde. Das bestätigte ja meine eigenen Erfahrungen! Jetzt hörte ich genauer zu und begann die mentalen Kräfte, die hier als Luft, Feuer, Wasser und Erde bezeichnet werden, in einem größeren Zusammenhang zu sehen. Vielleicht bauen sich bei dir ähnliche Widerstände auf. Doch fand ich den Text in sofern hilfreich, als er die Defizite aufgezeigt, die auftreten, wenn das eine oder andere Prinzip zu schwach ausgebildet ist. Vielleicht hilft dir das auch. Ich konnte darin meine leicht fanatischen Anteile erkennen, die daher rührten, dass mir für lange Zeit die Anbindung an das große Dahinter fehlte. Die Kassette fasst die Gestaltungsprinzipien noch einmal zusammen und erläutert sie aus religiöser Sicht.

Spirituelle Tatkraft:

(Auszug einer Kassette, die von Johannes Hossbach besprochen wurde)

„Das ist etwas mehr, als der normale Mensch unter Tatkraft versteht. Wir verstehen, was da gemeint ist, besser, wenn wir uns die vier Symbole der Alten für den Ablauf einer Tat vor Augen halten:

Luft	**Feuer**	**Wasser**	**Erde**

Der normale Mensch hält nur die physisch sichtbaren Taten für Tatkraft. Er sieht nicht bewusst ein, dass jede solche Tat im Geistigen unsichtbare Vorphasen hat. Zunächst einmal im Reich der Ideen, im unsichtbaren Reich des Geistes, eine Idee von der Tat. Es gibt keine Tat ohne eine vorausgegangene Idee davon. Diese Ideen werden uns eingegeben, es sind Eingebungen und das Wort zeigt sehr schön, um was es hier geht: Eingebung, da ist ein G e b e r da, und einer, dem etwas gegeben wird. Diese Ideen kommen also aus dem Reich des Gebers, des Schöpfers.

Wenn nun ein Mensch diese Idee (**Luft**) empfangen hat und sofort sagt: „Ja, das will ich jetzt verwirklichen", dann haben wir hier den typischen **Luftikus,** der sich vieles vornimmt und selten ein Bein auf den Boden bekommt, weil er keine kosmische Kraft hinter seiner Verwirklichungsidee hat. Es fehlt das Zuschalten der beiden Kräfte, die mit Feuer und Wasser symbolisiert sind.

Was ist **Feuer**- kraft? Das ist die Feuerkraft der Liebe, die Feuerkraft des Herzens, die dazu führt, dass ein Mensch mit seiner ganzen Lebenskraft hinter der Verwirklichung einer Idee steht. Das ist auch Konzentration, Hingabe, eben mit dem Feuer des Herzens, mit dem Lebensfeuer.

Wenn nun ein Mensch mit Idee und Feuer in die Verwirklichung tritt, dann fehlt immer noch die Wasserkraft. Dann haben wir die Gefahr, dass wir einen **Fanatiker** bekommen, einen Menschen, der sagt: „Hoppla, jetzt komm ich. Ich kann das, ich werde das schon packen, ich, ich!" Er wird überheblich und selbstherrlich und merkt überhaupt nicht, dass er die Dinge eigentlich gar nicht tut. Er bildet sich das nur ein. So haben wir den Menschen, der Schaden nimmt an seiner Seele bei der Verwirklichung seiner Dinge. Aber wir sollen ja lernen, zu handeln ohne Schaden zu nehmen an unserer Seele. Im Gegenteil, wir sollen Gewinn dabei haben. Das geschieht nur, wenn wir auch noch die dritte unsichtbare, geistige Vorphase einer äußeren Tat berücksichtigen und ins Bewusstsein heben.

Wasser, das ist ein Wort, das mit W beginnt, wie Wachstum, wie Wunde, wie warten können. Wenn wir unsere Taten genau anschauen, dann sehen wir zum Beispiel einen Bauern, der *seinen Acker pflügt, das kann er machen - der seinen Acker düngt, auch das kann er tun - und der schließlich das Saatgut in den Acker hineingibt. Auch das ist noch menschliche Ak tionsmöglichkeit. Aber nun kann er nichts mehr tun. Er kann nicht durch irgendeine Maßnahme erzwingen, dass nach vierzehn Tagen das gesäte Getreide aufgegangen ist und wächst.*

Nein, jetzt muss er ein Wachstumswunder abwarten, wo er nichts tun kann, wo er bestenfalls stören kann, wenn er immer wieder nachschaut, ob es schon geworden ist. Dieses Wachstumswunder kann nicht vom Menschlichen aus beeinflusst werden.

So sind alle unsere Taten eigentlich aus dieser Wachstumswunderkraft entstanden, nur kassieren wir sie so selbstverständlich, als kämen sie aus uns selbst heraus. Wie selbstverständlich denkt der Mensch, dass seine Intelligenz funktioniert, dass seine Redegewandtheit funktioniert, dass alles seine Ordnung hat. Das alles ist scheinbar selbstverständlich da. Aber das ist es eben nicht!

In allen diesen Dingen geschieht die Wachstumswunderkraft, die nur von der universellen Kraft, die wir Gott nennen, geschenkt werden kann. So haben wir jetzt den Segen mit drin,

Luft - die Idee,
Feuer - des Herzens,
Wasser- die göttliche Schöpfungskraft.

*Erst wenn diese drei zusammen sind, dann nimmt der Mensch keinen Schaden mehr an seiner Seele, wenn die Idee in die stoffliche Verwirklichung tritt. Jetzt haben wir den Erfolg, als Folge von etwas Vorausgegangenem, jetzt haben wir Ergebnisse, da steckt das Wort geben drin. Es heißt ja nicht Ermachnisse und Erkämpf-nisse, sondern eben Ergeb-nisse und wir haben den Ertrag - alles mit E, wie **Erde**. Das sind dann die Taten, die sichtbar sind, und die aus dem Segen der richtig abgelaufenen vorausgegangenen Kräfte auch für den Menschen segensreich werden.*

So ist die spirituelle Tatkraft eine Fähigkeit, mit dieser Kraft des Geistes alles anzugehen, was es im Leben überhaupt nur gibt.

Man muss diese spirituelle Tatkraft aus dem religiösen Ghetto herausholen. Es geht nicht darum, hier nur irgendwelche hehren, religiös verbrämten Ziele zu erreichen, sondern es geht hier um die Lösung eines jeden Problems.

Wenn ich zum Beispiel einen Parkplatz brauche, dann kann ich mir ja schon zu Hause vorstellen, da wo ich den Parkplatz brauche, da wird gerade jemand wegfahren kurz bevor ich dorthin muss. So werde ich den Parkplatz finden. Ich brauche ja nicht mehr, und diesen einen brauche ich nur zeitweise.

So ist das Denken an eine Problemlösung nichts anderes als die Anwendung dieser spirituellen Tatkraft, wenn ich in diesem Denken den Geber der Gaben anrufe und mir des Gebers der Gaben bewusst bin, dass das nicht als eine Art Ego-Zauberei von mir aufgefasst wird, dass ich mit meinen eigenen Kräften da etwas bewirke:

Denn es ist immer Gott, die wirkliche Kraft, die ich lediglich steuern darf.

Diese spirituelle Tatkraft ist eine Kraft, die alles, was uns begegnet, lösen kann. Es kommt eben darauf an, dass im Leben nicht nur äußerlich tatkräftig gehandelt wird, sondern dass immer stärker diese Lektion gelernt wird, was es heißt, spirituell tatkräftig zu sein".

Ende der Kassette

Ich war einerseits erfreut darüber, dass mir endlich jemand meine Erfahrungen bestätigt, stellte aber andererseits einige Aussagen ganz vehement in Frage. Das hörte sich so an, als hätten wir keinerlei Wahlmöglichkeit, als hätten wir keinen freien Willen.

Für eine Weile sah ich mich wie eine Marionette, die von göttlichen Mächten herumgeschoben wird. Ich fühlte mich wieder meiner eigenen Schöpferkraft beraubt und protestierte dagegen. Doch ganz verwerfen konnte ich die Auslegungen auf der Kassette auch nicht. Für mich gab es eine unsichtbare Kraft, die mir und allem anderen innewohnt, mit der ich verbunden bin und die mich mit allem verbindet. Man konnte sie vielleicht Gott nennen, aber ich wollte mich da nicht festlegen.

Es bewog mich, selbst das Neue Testament zu lesen und mir meine eigenen Gedanken dazu zu machen. Ich fand viele Ansätze, die sich durchaus mit dem, was ich erlebt habe, deckten. Auch für die allem innewohnende Kraft fand ich Aussagen. In Römer 11, Vers 36 heißt es: „Denn von ihm und durch ihn und zu ihm sind alle Dinge." Meine Glaubensüberzeugungen in Bezug auf Religion und Spiritualität veränderten sich. Mehr und mehr konnte ich mich an universelle Ebenen anschließen.

Als ich dann in einem Buch las, was die universelle Ebene in modernen Worten dazu sagt, war ich versöhnt. Da hieß es: „Ihr seid nichts ohne mich, doch ohne euch ist auch nichts getan."

Doch zurück zu der Zeit, als ich die Kassette zum ersten Mal hörte. Ich begriff, was ich für Jahre gemacht hatte, und war sehr schuldbewusst. Ich fühlte mich mit dem „Ich kann das, ich, ich, ich" ertappt. Im Sport habe ich wirklich geglaubt, ich mache da etwas selbst. Sicherlich hatte ich auch Schaden genommen an meiner Seele, weil ich nicht wusste, welche Kräfte ich benutzte. Zum Glück waren später dann ganz andere Dinge vorrangig gewesen. Ich hatte kaum mehr bewusst gestaltet und für mich etwas erschaffen, weil ich nicht überblickte, wie das Ganze funktioniert.

Lange wusste ich auch nicht, ob ich das ethisch vertreten kann. Mich plagten uralte Ängste, anderen etwas wegzunehmen, was Gründe hatte. Mein Vater war Hobby-Philosoph mit hohen ethischen Ansprüchen. Er lebte nach dem asketischen Wahlspruch, nur so viel von Gott zu nehmen, wie er notwendigerweise zum Leben braucht. Lange konnte ich nicht erkennen, dass ich diese Einstellung als Kindheitsmuster gespeichert hatte und auch nicht, wie sehr ich völlig unbewusst selbst davon beeinflusst wurde. Ich brauchte viel Zeit, um mir klar zu machen, dass er mit dieser Grundhaltung und seiner Sparsamkeit den Mangel zementiert, wenn ich davon ausgehe, dass die Einstellungen die Wirklichkeit erschaffen. Mein Vaterbild bekam Risse. Ich hörte mich um. Nachdem ich das Neue Testament gelesen hatte, suchte ich in anderen Weisheitsbüchern. Ich fand in den unterschiedlichsten Weltanschauungen und Religionen völlig verschiedene Auffassungen. Ich war verunsichert.

Auch das Gegenteil meiner väterlichen Einstellung war mir begegnet. Ich hatte erfolgreiche Menschen getroffen, die vieles besaßen. Sie alle hatten offenbar erfolgreich erschaffen, doch irgendetwas fehlte auch hier. Ich habe lange gebraucht, um mich aus den alten Glaubensüberzeugungen zu befreien und die Zusammenhänge zu erkennen. In der Ausbildung hatten meine Lehrer mir beigebracht, dass es das Gehirn sei, dem die Gedanken entspringen. Mehr und mehr musste ich jedoch einsehen, dass Ideen einer höheren Ebene entstammen. Schon bei meinen Kindergeschichten hatte ich herausgefunden, dass mir meine Ideen aus dem Unsichtbaren eingegeben werden. Ich erfand nichts Neues, sondern öffnete mich immer nur für etwas, das auf einer anderen Ebene schon existiert. Insofern konnte man durchaus von einem Geber sprechen. Wie ich im Laufe meiner weiteren Entwicklung erkannte, bestand der Unterschied zwischen glücklich und freudevoll agierenden Menschen und anderen, weniger glücklich scheinenden in genau dieser Anbindung, in der Bewusstheit dessen, wo die Ideen herkommen, und welche Kräfte es sind, die wir nutzen.

Viele meinen immer noch, sie selbst machen ihren Erfolg aus eigener Kraft. Ihnen fehlt die Anbindung an das große Ganze, das hinter den Erscheinungen der materiellen Welt liegt.

Als ich das endlich begriffen hatte, machte ich mir immer öfter, zumindest aber bei jedem Wunsch, bei jeder Bestellung die universelle Kraft bewusst, bevor ich mit meinen Vorstellungsübungen begann. Auch bedankte ich mich beim Universum, bei Gott oder wie immer man diese schöpferische Urkraft hinter allem nennen mag, noch bereitwilliger für all das Schöne in meinem Leben, für die unzähligen, vielen Kleinigkeiten, die mir mein Leben angenehm machen. Ganz besonders dankte ich für erfüllte Wünsche.

Mein Ziel ist, alles was ich tue,
ganz bewusst mit dieser universellen Kraft zu tun,
und ganz gegenwärtig zu sein im Jetzt.

Hier noch einige Sprüche, die ich im Neuen Testament gefunden habe. Sie handeln meiner Ansicht nach vom Gestalten mit der schöpferischen Kraft. Was sie bedeuten, lässt sich mit dem, was ich in diesem Buch beschrieben habe, leicht nachvollziehen. Ich hatte mir längst eingestehen müssen, dass ich mit meinen mentalen Kräften, mit den Vorstellungen, Worten und Gefühlen, lediglich eine gewisse Entwicklung erbeten hatte, war aber nie auf die Idee gekommen, das mit dem Beten gleichzusetzen. Dafür war mir Kirche zu weit weg. Ich hatte nur nach wissenschaftlichen Erklärungsmöglichkeiten gesucht, der Bezug zum Universellen war mir, wie ich schon sagte, lange entgangen. Vielleicht hat uns Jesus vor 2000 Jahren schon mitteilen wollen, dass wir unser Leben selbst erschaffen in Zusammenarbeit mit der höchsten Kraft, nur haben es damals sehr wenige verstanden.

Und alles, was ihr bittet im Gebet,
wenn ihr glaubet, werdet ihrs empfangen.

Matthäus 21, 22

Alle Dinge sind möglich dem, der da glaubt.

Markus 9, 23

Alles was ihr bittet in eurem Gebet, glaubet nur, dass
ihrs empfanget, so wird es euch werden.

Markus 11, 24

Was ihr mich bitten werdet in meinem Namen, das
will ich tun.

Johannes 14, 14

Denn was der Mensch sät, das wird er
ernten.

Galater 7, 7

Auch hier muss ich leichte Korrekturen anbringen, beim Bitten und Beten ist es so wie beim Wünschen. Auch das Bitten verlängert das Nicht-Haben, denn wir glauben ja, dass wir es noch nicht haben. Wenn wir uns dagegen bewusst sind, dass im Unsichtbaren alles schon vorhanden ist - wie in einem Bestellkatalog, der ja das Warenlager auch unsichtbar im Hintergrund hat - dann brauchen w r es nur noch in Existenz zu bringen. Daher ist es sinnvoll, so zu tun, **als ob es schon so sei**, als hätten wir das schon, was wir uns wünschen. In der Bibel wird oft von Dankbarkeit gesprochen. Es ist ganz leicht im Voraus schon zu danken für das, was im Warenlager ja schon vorhanden ist und sich erfüllen wird.

Der Spruch „Bittet, so wird euch gegeben" erhielt für mich auch eine große Bedeutung, denn:

Bitten ist Fleiß!

135

Wer nicht ganz bewusst bittet, bestellt, wünscht, gestaltet, erschafft, kreiert oder demonstriert, indem er so tut, als ob es schon so sei, der wird vom Universum nicht unterstützt.

Ein Sprichwort sagt: „Hilf dir selbst, dann hilft dir Gott!"

Und hier noch einmal zur Erinnerung:

Wie Innen, so Außen.

Suche nicht im Außen nach dem, was du dir wünschst, sondern bereite es durch Absicht, Vorstellung und Gefühl zuerst im Innern vor und gib ihm Kraft. Dann erst kann es von Außen auf dich zukommen.

Die Umkehrung ist natürlich auch richtig:

Wie Außen so Innen.

Du siehst im Außen, was du selbst gedacht hast. Du kannst es dir anschauen, bewusst machen und entscheiden, was du statt dessen gerne hättest. Entscheiden erinnert daran, dass wir ein Schwert aus der Scheide ziehen. Auch das Schwert hat zwei Schneiden, wir können uns so oder so entscheiden. Das Schwert symbolisiert jedoch immer die Verstandesebene und die ist, solange wir uns selbst noch nicht kennen, gefärbt von alten Beurteilungen. Wir sollten uns nach innen wenden und horchen, still werden. Dann kommen die Impulse mehr und mehr aus der tieferen Ebene des Seins.

Wenn dich meine folgenden Erfahrungen mit Symbolik und Kunst nicht so sehr interessieren, lies weiter auf Seite 162. Dort habe ich Merksätze zusammengestellt, aus denen du dir heraussuchen kannst, was dich anspricht und dir gute Gefühle vermittelt. Du kannst sie dir kopieren und sie als Erinnerungshilfen benutzen.

Teil IV

Symbolik und der „erweiterte Kunstbegriff"

Dieser Teil ist für die Leser/Innen, die wissen wollen, warum ich der Meinung bin, dass unsere Vorfahren schon immer um diese mentalen Kräfte wussten, mit denen wir unsere Wirklichkeit erschaffen. Aus den Bereichen Symbolik und Kunst habe ich Beispiele meiner eigenen Erfahrungen ausgewählt, die einen größeren Rahmen abstecken. Ich mache deutlich, dass es Menschen gibt und immer gab, die uns aufzeigen, dass wir unser Leben selbst gestalten und wie. Sie setzen dieses Wissen auf verschiedenste Art um. Dazwischen zeige ich auf, dass dieses alte Wissen schon immer auch in Symbolen in Erscheinung trat.

Der Weg hin zu meinem Verständnis.

Um meine Entdeckungsreise nachvollziehen zu können, schildere ich die Schritte, die mich nach dem Leistungssport zu diesen Zusammenhängen geführt haben. Während des Kunststudiums, das ich nach einem halbjährlichen USA-Aufenthalt begonnen hatte, besuchten wir viele Ausstellungen und mir fiel auf, dass in Bildern und Radierungen, vor allem denen des frühen Mittelalters, rätselhafte Symbole benutzt wurden. Ich fühlte mich von ihnen auf eine geheimnisvolle Weise angezogen. Bei der Alchemie fand ich ähnlich unverständliche Symbole. Sie sprachen mich auf einer inneren Ebene an und machten mich neugierig. Ich vermutete bald, dass die Alchemisten nach etwas ganz anderem suchten, dass die Goldsuche nur ein Vorwand war, um der Inquisition zu entgehen. Es schien eine Art Geheimsprache zu geben, die ich entschlüsseln wollte.

Zunächst jedoch stieß ich auf die neue Physik und Parallelen zum fernöstlichen Denken. Das Buch „Das Tao der Physik" des Physikers Fritjof Capra machte mir deutlich, dass Licht sowohl als Welle wie auch als Partikel in Erscheinung tritt, je nachdem, von welcher Seite man es betrachtet und Fragen stellt. Für mich war das schwer verständlich, doch mein Interesse war geweckt. Ich begriff bei weiteren Studien, dass östliche Weltanschauungen eine völlig andere Wirklichkeitsauffassung haben. Sie sehen die Materie nicht aus einzelnen Atomen zusammengesetzt, wie wir, sondern als eine Art Erscheinung, als Maya, als nicht wirklich existent, was mich damals sehr durcheinander brachte. Betrachteten sie die Wellenseite des Lichts, während wir die Partikelseite betrachten? Ich sollte noch keine Antworten finden.

Erst einmal wurde ich wieder auf das zurückgeworfen, was ich im Sport erfahren hatte. Ich erlebte Zufälle in einer solchen Anzahl, dass ich mich hinsetzte, und mir sehr ernsthaft die Gestaltungsprinzipien von Neuem vornahm. Jetzt endlich akzeptierte ich, dass ich immer schon mir meine Realität selbst gestaltet hatte. Es gab keinen Zufall. Zufall war das, was ich bewusst oder unbewusst selbst erschaffen hatte. Nachdem ich meine Vergangenheit unter diesem Aspekt neu geordnet hatte, machte ich mir Gedanken über die größeren Zusammenhänge, denn auch da gab es keinen Zufall. Wir waren selbst verantwortlich für das, was uns umgab, für die Welt mitsamt ihren Schwierigkeiten. Ich sah um mich eine Welt voller Probleme, die wir unbewusst selbst erschaffen hatten und natürlich wollte ich sie verändern. Ich machte alle Fehler erst einmal selbst, denn was wir ablehnen, das kommt verstärkt wieder auf uns zu! Ich bestellte mit meiner Ablehnung und Negativität fortwährend alle die Dinge, die ich ganz gewiss nicht gestärkt haben wollte. Kein Wunder, dass sie sich dann entsprechend deutlich manifestierten und mir immer mehr Angst machten. Ich suchte Hilfe und fand sie in Seminaren und in der Kassette von Hossbach. Was er auf dieser 90-Minuten-Kassette mitteilt, war indes so umfangreich, dass ich nicht alles sofort verstehen konnte. Erst beim mehrmaligen Abhören in großen Abständen erfasste ich nach und nach mehr. Er erläuterte, wie eben schon ausgeführt, die vier Prinzipien von Absicht, Idee und Gefühl auf eine neue Weise und brachte mich dazu, zu begreifen, dass es sich hier um uraltes Wissen handelt. Feuer, Luft, Wasser und Erde waren mir in einem Seminar begegnet und wurden da mit einem senkrechten und waagerechten Strich zu einem gleichschenkligen Kreuz verbunden.

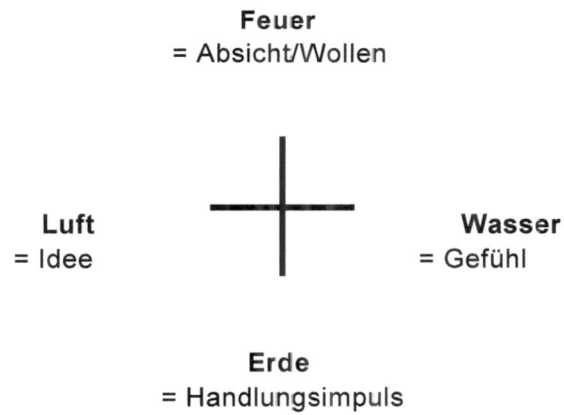

Feuer
= Absicht/Wollen

Luft
= Idee

Wasser
= Gefühl

Erde
= Handlungsimpuls

Ich kannte diese Symbole bisher nur aus der Astrologie, worin sich eine Freundin sehr gut auskennt. Sie hatte mir deutlich gemacht, dass es sich bei den vier Hauptzeichen um vier Temperamente handelt, die sich beim Menschen unterschiedlich auswirken. Das Ganze wurde auf den Himmel projiziert. Danach haben auch die Jahreszeiten einen Einfluss, je nach Stellung der Gestirne, woraus 12 Temperamente entstehen. Ein Mensch, der viel Feuer hat, hat viel Willenskraft, er setzt sich durch. Mir fiel ein, dass ich auf der Kassette etwas über zu viel Feuerkraft gehört hatte. Ich fand die Stelle und war beschämt, denn ich konnte meine leicht fanatischen Anteile erkennen, mit denen ich manchmal sehr vehement auf Menschen einwirkte. Bei ihnen regte sich dann Widerstand, also keineswegs das, was ich beabsichtigt hatte. Ich verstand erst mit der Zeit den Mechanismus, mit dem ich aggressiv in den Wald hineinrief, aus dem es dann ebenso aggressiv als Gegendruck oder Ablehnung wieder herausschallte. Ich wollte die Welt verändern, doch mit den falschen Mitteln. Ich konnte meine eigenen Ängste nicht erkennen, die sich hinter diesem Veränderenwollen verbargen.

Von Zeit zu Zeit hörte ich die Kassette ab und entdeckte immer wieder neue Zusammenhänge. Eines Tages erschloss sich mir etwas, was mir vorher völlig entgangen war. Ich hatte meine starke Willenskraft unter die männlichen Qualitäten eingereiht. Doch Hossbach vertrat die Ansicht, dass alle vier kleinen Prinzipien des Unsichtbaren dem großen weiblichen Prinzip zuzuordnen seien. Ich musste ihm zustimmen, denn Willenskraft und Absicht waren mit Worten, Vorstellungen und Gefühlen Qualitäten, die ich in mir äußerte. Sie bereiteten aus der Stille, der Entspannung, der Passivität eine Handlung vor. Diese passive Seite in uns war das Weibliche, das Empfangen der Idee, die Absicht sie durch Vorstellungen und Gefühl in Existenz zu bringen und das Warten können, bis die Zeit reif ist. Dieses sind die Vorstufen. Sie gehen jeder Handlung voraus, auch wenn uns das nicht mehr bewusst ist.

Erst hier begriff ich die ganze Tragweite. Die passiven Vorstufen einer Handlung und damit auch die Willenskraft, waren **weibliche** Qualitäten des Unsichtbaren. Ich war begeistert, und registrierte erstaunt, dass ich in einer so martialischen Sportart wie ausgerechnet Schießen meine weibliche Seite entwickelt hatte.

Die **männliche** Seite ist nach Hossbach die darauf folgende Handlung selbst in der Materie, die Tatkraft, doch diese kommt aus der weiblichen Seite unseres Seins, aus der Passivität, der Ruhe des Inneren. Erst die weibliche Seite macht Handlung möglich.

Das Wappen der Stadt Schwäbisch Hall

Um das noch deutlicher zu machen, füge ich hier ein Wappen ein, welches genau diese Aspekte der beiden großen Prinzipien zum Ausdruck bringt, das **weibliche Unsichtbare** und das **männliche Sichtbare**. Es zeigt auf, dass Menschen schon immer um diese schöpferischen Kräfte wussten. Ich habe gelacht, als ich feststellte, dass ich seit Beginn meiner Ehe in einer Stadt wohne, deren Wappen „zufällig" genau das beinhaltet, was ich hier in diesem Buch deutlich mache, die vier Prinzipien aus Feuer, Luft, Wasser und Erde und die daraus erfolgende Handlung in der Wirklichkeit.

Hier wiederhole ich noch einmal, um das deutlich zu machen, die vier kleinen Prinzipien, aus denen das große, **weibliche Prinzip** zusammengesetzt ist. Es ist hier in einem Kreis zusammengefasst, dem Symbol für die Ganzheit.

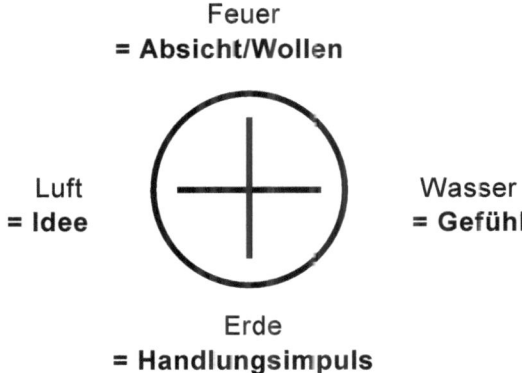

Feuer
= **Absicht/Wollen**

Luft
= **Idee**

Wasser
= **Gefühl**

Erde
= **Handlungsimpuls**

Das Ganze des Unsichtbaren ist hier gemeint, das auch mit Himmel bezeichnet wird.

Im Schwäbisch Haller Wappen ist der Himmel im oberen Teil des Wappens angeordnet.

Darunter befindet sich das **männliche** Prinzip der direkten Tatkraft in der Materie, im Sichtbaren, ausgedrückt durch eine Hand oder einen Handschuh. Von Historikern wird die Hand als Zeichen der Macht gesehen. In unserer Stadt wird es als Münzrecht ausgelegt, was ja wiederum Handlungsmacht bedeutet, die jedoch durch das weibliche Prinzip des Unsichtbaren, des Himmels, erst möglich ist.

Das Wappen der Stadt Schwäbisch Hall

Das Wappen ist Jahrhunderte alt. Es zeigt, dass zumindest den gebildeten Menschen schon damals diese Prinzipien der Wirklichkeitsgestaltung geläufig waren.

Ich sah mich, als ich diese Zusammenhänge erkannte, insgesamt als Frau bestärkt. Es war eindeutig diese weibliche Seite in jedem von uns, welche die männliche Seite der Tatkraft erst hervorruft. Ich musste jedoch zugestehen, dass wir alle, Mann und Frau, aufgefordert sind, diese weibliche Seite des unsichtbaren Inneren auszubilden. Jeder Mensch hat beide Seiten in sich. Je bewusster sie in der Anbindung an die schöpferische Urkraft entwickelt und angewendet werden, um so besser. Ich erkannte immer mehr, dass ich mit dem Bestellen und selbst Gestalten nichts Neues entdeckt hatte, sondern dass es sich dabei um uralte Weisheiten der Menschheit handelt. Was mich jedoch sehr wunderte war, dass in der heutigen Kirche überwiegend Männer unter anderem eindeutig diese passive, weibliche Seite des Erbittens und Wünschens, des Erschaffens aus dem Unsichtbaren vertreten. Je mehr Zusammenhänge ich begriff, um so mehr wuchs mir die Größenordnung und die Verantwortung, die sich daraus ergibt, über den Kopf.

Hilfe bekam ich in kleinen Schritten und oft auf völlig unerwartete Weise. Die Kunst half mir aus meinen Ängsten herauszufinden. Es begann damit, dass ich in einem Laden eine Künstlerpostkarte von Salvatore Dali erstand. Sie zeigte in der unteren Hälfte sehr stämmige männliche Beine und darüber einen Frauenoberkörper. Mich irritierte das sehr, da es immer heißt, die Erde sei weiblich und der Himmel männlich. Hier war es genau umgekehrt, unten auf der Erde die Beine eines Mannes und darüber im Himmel die weibliche Gestalt. Als ich genauer hinschaute, entdeckte ich, dass Dali die Frau aus Vögeln entstehen ließ und ich dachte sofort an das Prinzip Luft. Natürlich! Dali wusste um die beiden großen Prinzipien, denn dann stimmten auch die Beine der Tatkraft als männliches Prinzip in der Materie. Diese Figur, einem Hermaphroditen ähnlich, hatte jedoch nichts mit Geschlechtlichkeit zu tun, wie ich im ersten Moment gefolgert hatte. Ich fragte mich, ob uns nicht häufig der Blick verstellt ist, weil wir vieles über die Sexualität auslegen, die in unserem westlichen, materiellen Glaubenssystem eine überaus große Bedeutung erfährt. Mir kam der Gedanke, dass Künstler, wenn sie Frauen malen, vielleicht oft gar nicht das Geschlecht Frau meinen, sondern damit das **weibliche Prinzip des Unsichtbaren** anbeten. Ich denke da an Gemälde wie die Mona Lisa. Vielleicht haben diese Bilder deshalb diese Anziehungskraft.

Beuys und der „erweiterte Kunstbegriff"

Doch zurück zu meinen Erlebnissen. Damals war ich erst am Anfang, die Zusammenhänge zu erkennen. Ganz intensiv berührten mich die Arbeiten des sehr umstrittenen Künstlers Joseph Beuys. In einer Ausstellung fand ich eine Installation mit einem Gewehr, worauf steht »Denken«. Ich vermutete sofort, dass Beuys etwas in der Richtung aussagen will, womit ich mich beschäftigte. Schießen und Denken - beides Dinge, mit denen ich mich ganz intensiv auseinandergesetzt hatte. In der Folge besuchte ich viele Ausstellungen mit seinen Werken und machte mir meine eigenen Gedanken.

Was mich dann überhaupt nicht wunderte war, dass ich überall gleichschenklige Kreuze fand, das Symbol für die vier kleinen Prinzipien der Gestaltung. Ich fand sie in Abbildungen zuerst auf Grabmalen, dann im Original als Braunkreuz auf sehr vielen Objekten. Sie begegneten mir als Filzkreuz, teilweise sogar halbiert, wobei die Gefühlsseite, das Wasser fehlte. Es symbolisierte für mich die Menschen, die auch nur noch die Materie als wirklich akzeptieren. Eine Installation nennt er Eurasia, für mich die Vereinigung der Weltsicht des fernen Osten, des Maya, mit unserer materiellen, westlichen Weltsicht, Welle und Partikel-Sicht vereint, sowohl - als auch, eine Ergänzung und Erweiterung des jeweiligen Standpunktes. Ich war mir sicher, dass Joseph Beuys um diese neuen und doch uralten Prinzipien der Gestaltung aus dem Inneren wusste. Ich sah das Denken als Grundlage der Gestaltung, für Verfestigung, für Materie, und ich bemühte mich, es zu reduzieren, es zumindest in konstruktive Bahnen zu lenken. Beuys sieht das ähnlich, und ich nehme an, dass er mit seinen oft provozierenden Aktionen versuchte, die Menschen aus dem Kältepol der gewohnten, westlichen Denkmuster herauszubringen, ähnlich wie das Motivationstrainer heute mit Glasscherben für Sportler, andere mit Glutstraßen für das Management tun. Soweit ich erkennen kann, war auch er der Meinung, dass es an der Zeit ist, diese Gestaltungs-Prinzipien aus dem religiösen Kontext herauszulösen und eine allgemeingültige Disziplin daraus zu machen, eine neue Kunstdisziplin. Er setzte dieses Wissen für den Betrachter in Zeichnungen, Skulpturen, Environments und Aktionen um. Sie vermitteln meiner Ansicht nach über den Weg der Kunst das Gleiche, was ich mit meinen Ansätzen aus dem Sport versuche, nämlich dass diese Welt ganz anders funktioniert, als wir bisher geglaubt haben:

Jeder Mensch ist ein Gestalter.
Er gestaltet sein eigenes Leben durch seine Absicht,
durch Gedanken und Gefühle.

Was ich vermutet hatte, brachte ein Buch zur Gewissheit. Ich fand Auszüge aus Gesprächen mit Joseph Beuys, die das untermauern und deutlich machen. Sie beziehen sich nicht nur auf den einzelnen Menschen, sondern auch auf gesamtgesellschaftliche Prozesse, die sich durch den aufgezeigten Wechsel der Wirklichkeitsauffassung verändern werden.

„Jeder ist ein Künstler", doch ganz anders, als wir bisher geglaubt haben.

Mir ist es wichtig, den Ausspruch von Beuys: „Jeder ist ein Künstler" im ursprünglichen Kontext wiederzugeben. Sie sind dem Buch »Das Kapital Raum 1970 -77« von Mario Kramer entnommen. Es beschreibt ein Environment von Beuys aus dem Jahr 1980, ein Resümee in Gestalt einer abschließenden Arbeit über Medien. Beuys sagt darüber in einem Interview auf Seite 11:

„Dann sind da aber auch organische Formen da, die sich auf Sprache beziehen und wodurch der Begriff Skulptur nach innen verlagert wird. ... Die Sprache selbst mit diesen Sprachformen hat ja auch wieder eine Herkunft,

womit der Begriff der Skulptur aufs Denken zurück-
verlagert wird, also etwas ganz Unsichtbares."

Zur Zeichnung »Kehlkopf« sagt er: „*Das ist das, was ich meine, die*

**Zurückverlagerung der Idee der Skulptur auf das Sprechen und Denken.*"*

Auf Seite 21 sagt Beuys auf die Frage, ob das eine politische Aktion sei: „*Und zum Beispiel*

»jeder Mensch ist ein Künstler« ist ja nichts anderes als das Entstehen einer neuen Kunstdisziplin, die jeder Mensch potentiell kann: nämlich am sozialen Leben gestaltend mitzuwirken.

Wenn ich sage »Jeder Mensch ist ein Künstler« wird ja nicht behauptet, jeder Mensch sei ein Maler, Bildhauer oder Musiker, also solche traditionellen, bereits existierenden Disziplinen..., sondern hier ist auch ein ganz anderes Feld angesprochen, nämlich

die Partizipation aller an der Zukunft der Gesellschaft,

der verschiedenen Bereiche,... Also das ist insofern selbstverständlich eine, in Klammern, politische Aktion gewesen, weil es sich auf die Kernfrage unserer Gesellschaft bezieht, methodisch."

Auf Seite 39 sagt er: „*Aber da, wie wir vorhin festgestellt haben, nur noch diese Seite der menschlichen Aktivität, nämlich*

menschliche Kreativität und das menschliche Denken, das Fühlen und die Willensabsichten

das bestehende System verändern können, ist es ganz logisch, dass es nur dieser Bereich sein kann, also die Kunst. Auf eine Formel gebracht:

**Kunst gleich Kreativität,
das ist der Fähigkeitsbereich ..."**

(Hervorhebungen von mir.)

Beuys versteht unter Kunst und Künstler hier etwas völlig anderes, als es bisher im Allgemeinen verstanden wird. Er meint mit dem Ausspruch »Jeder ist ein Künstler« nicht das Malen von Bildern, Töpfern oder sonstige im üblichen Sinne kreative Tätigkeiten, die der Einzelne ausüben soll. Er meint damit, so wie ich es vorne aufgezeigt habe, das Gestalten aus dem Inneren, die bewusste Anwendung des weiblichen Prinzips. Er meint Gestalten mit Gedanken, Vorstellungen und Gefühlen und damit die ganz bewusste, innere Vorbereitung einer Handlung durch die weibliche Seite unseres Seins und die Anwendung der schöpferischen Kraft. Er musste es nur häufig verschlüsselt ausdrücken, so wie das in der Bibel auch gemacht wird. Manche Menschen sind überfordert mit der Verantwortung für ihr eigenes Denken und Fühlen. Das ist ein langsames Hineinwachsen. Daher rührt auch das Unverständnis seinen Werken gegenüber. Beuys war seit vierzig Jahren Vorreiter und bahnbrechend. Alle seine Werke, seine Aktionen und Vorträge dienten meines Erachtens nur diesem einen Ziel: Bewusst zu machen und das wiederzufinden, was wir schon einmal gewusst haben. Mich freute das ganz besonders, denn es verbindet meine Hauptinteressen, mentales Training, Spiritualität und Kunst.

Es ist hier eine andere Kunst angesprochen, eine erweiterte Sicht von Kunst. Damit wird auch deutlich, warum er 1985 sagte: *„...hiermit trete ich aus der Kunst aus."* Ich verstehe ihn so, dass er den Rahmen der etablierten Kunst verlässt, und hineingeht in den **»erweiterten Kunstbegriff«**. Er wird oft von Menschen ungenau ausgelegt, die selbst die Gestal-

147

tungsprinzipien des Weiblichen noch nicht angewendet haben.

Die Vorstellung setzt Handlungsimpulse,
Beuys nennt das **Bildkopf – Bewegkopf**.

Um diesen völlig anderen Ansatz einer Wirklichkeitsauffassung deutlich zu machen, sagte er am 1.11.1985: *„Der Fehler fängt schon an, wenn einer sich anschickt, Keilrahmen und Leinwand zu kaufen."* Er meinte ja etwas völlig anderes und wurde oft missverstanden. Letztlich konnte er sich aber nicht aus dem etablierten Kunstbetrieb heraushalten, denn er transportierte diesen Wechsel der Weltanschauung über das Medium der Kunst.

Die neue Kunstdisziplin

Wie ich schon sagte, wäre es aber völlig verkehrt, Beuys in die Ecke von Religion zu stecken, denn wie in dem Kassettentext von Hossbach schon ausgeführt, ist es an der Zeit, diese Gestaltungskräfte aus dem religiösen Kontext herauszuholen. Es ist die Zeit gekommen, wo der verantwortliche Mensch sich tagtäglich dieser mentalen Kräfte bewusst sein kann, um sie gezielt anzuwenden, und sein Leben aus einer universellen Anbindung heraus konstruktiv zu gestalten. Jeder konstruiert zwar schon immer sein Leben, mehr oder weniger unbewusst. Ein wahrer Künstler ist er jedoch erst, wenn er die schöpferischen Kräfte bewusst einsetzt, und ganz gezielt Einfluss nimmt auf die Gestaltung seines täglichen Lebens, was Selbsterkenntnis voraussetzt. Ich nenne die bewusste Zusammenarbeit mit der universellen Kraft eine Kunst,

> die Kunst des Gestaltens des eigenen Lebens und
> darüber hinaus des Gestaltens der Gemeinschaft,
> in der wir leben.

Auch Beuys scheint das so zu sehen, wie aus den Beuys-Zitaten meiner Ansicht nach deutlich hervorgeht:

Er spricht vom **Entstehen einer neuen Kunstdisziplin,** und meint damit sicher nicht, wie es zur Zeit in Mode ist, einfach ein Umbenennen dessen, was schon da ist.

Erst das *bewusste* Anwenden
der wiedergefundenen Prinzipien,
in der Anbindung an die höchste Kraft,
machen aus dem Unbewussten, Beliebigen
eine wirkliche Kunst des Gestaltens.

Der Unterschied liegt in der Bewusstheit.

*Der Mensch ist nicht das Produkt
seiner Umgebung,
vielmehr ist seine Umgebung ein
Produkt des Menschen.*

Benjamin Disraeli

Selbstgestaltung und gesellschaftliche Aspekte

Jetzt möchte ich noch einige Überlegungen mitteilen, die ich mir im Zusammenhang mit den gesamtgesellschaftlichen Dimensionen machte, die bei Beuys angeschnitten wurden. Er hat sie wesentlich fundierter durchdacht und auch die wirtschaftlichen Aspekte mit einbezogen, von denen ich wenig verstehe. Seine Vorträge und Gespräche geben da sicher genauer Aufschluss. Ich bitte das in anderen Veröffentlichungen nachzulesen.

Meine Überlegungen beginnen immer beim Einzelnen. Für mich wurde deutlich, wie wichtig es für eine konstruktive Selbstgestaltung ist, dass sich jeder einzelne Mensch kennen lernt, die Motivation, die Überzeugungen, die Gedanken, Bilder und Gefühle. Nur dadurch können wir herausfinden, was sich für uns gut anfühlt, nur dadurch werden wir zu eigenständigen Persönlichkeiten, zu uns selbst. Wir suchen alle nach Akzeptanz und Liebe.

Der Lernprozess besteht jedoch darin, sich selbst diese Liebe, Akzeptanz und Wertschätzung zu geben.

Für mich war der Bibel-Spruch bedeutend: *„Liebe deinen Nächsten, wie dich selbst"*, mit dem ich mich lange beschäftigte. Das setzte ja voraus, dass ich mich selbst liebe! Wie aber sollte ich mich selbst lieben, wenn ich mich noch gar nicht kannte, mich nicht einmal so sein ließ, wie ich bin, sondern immer nur anders sein wollte, nämlich so, wie andere meinten, dass ich sein müsste? Ich erkannte, dass ich keine andere Wahl hatte, als herauszufinden, wer ich eigentlich bin, mit was ich mich wohlfühle. Dann erst wagte ich mich an meine ungeliebten Seiten, auch die wollten akzeptiert und

„geliebt" werden, sie gehörten ja auch zu mir. Ich lernte Widerstände aufzugeben, sie zu harmonisieren und erhöhte damit meine mentalen Kräfte.

Eines habe ich auf diesem Weg zu mir selbst gelernt, und ich kann es an noch immer Zweifelnde weitergeben: Ständiges Wünschen, bewusstes Wählen, oder wie Bärbel Mohr sagt - »beim Universum bestellen« bringt Spannung ins Leben. Es bekommt Farbe und einen Reichtum von einer Art, den ich mir nie habe ausmalen können. Wenn sich jeder Einzelne auf das ausrichtet, was in seinem Leben schon ganz gut läuft, statt auf das, was noch nicht in Ordnung ist, dann bündelt dieses Interesse die Gedankenströme, und bringt mehr von dem in Existenz, was schon gut läuft. Auch wenn zwischendurch wieder einmal eine Herausforderung, ein Problem auf uns zukommt, werden wir genug Kraft haben, um es anzunehmen. Außerdem können wir beim Universum eine Lösung bestellen, und sie mit der schöpferischen Kraft in Existenz bringen.

Was ich vielleicht bisher nicht ganz so deutlich gemacht habe, möchte ich hier noch anfügen: Wenn wir etwas bestellt haben, werden uns solche Problemlösungen ja nicht per Post geliefert, sondern sie kommen auf uns zu durch die Zeitung, durch ein Gespräch, durch ein Buch, durch die sogenannten „Zufälle", die uns begegnen. Wenn wir in Eile sind, angespannt, gestresst und vollkommen identifiziert sind mit dem Problem, dann ist unsere Sichtweise eingeschränkt. Wir sehen schwarz, die Brille ist verschmutzt. Sind wir hingegen locker und gehen dankbar und fröhlich durchs Leben, dann entdecken wir solche Lösungsmöglichkeiten, die das Universum für uns vorbereitet hat, sehr viel leichter. Je mehr Freude wir am Leben haben, je bereitwilliger wir anerkennen, dass das Universum immer nur unser Bestes will, nämlich uns zur bewussten Zusammenarbeit mit der schöpferischen Ebene zu bringen, um so leichter wird das ganze Leben sich entfalten. Das Leben ist dazu da, sich kennen zu lernen und sich selbst zum Ausdruck zu bringen. Probleme sind Herausforderungen, die wahrgenommen werden sollen, um zu lernen, bewusst mit den mentalen Kräften von Worten, Bildern und Gefühlen umzugehen.

Gesellschaft

Vielleicht geht es dir ähnlich. Ich bemühte mich, für mich ein zufriedenstellendes Leben zu erschaffen, wurde jedoch immer wieder abgelenkt. Ich schlug die Zeitung auf, schlechte Nachrichten. Machte ich das Fernsehen an, das Gleiche. Ging ich auf der Straße entlang, sah ich große Schlagzeilen, beim Einkaufen am Zeitungsstand Horrormeldungen. Überall begegnete mir Negatives, dem ich mich kaum entziehen konnte. Ich machte mir in einer ruhigen Stunde Gedanken darüber, was wir da tun und warum. Die Absicht dahinter war meines Erachtens, dass wir Menschen durch abschreckendes Beispiel bessern wollten. Doch ich erinnerte mich:

Das worauf ich mich konzentriere, das wächst!

Es wird gestärkt durch die Kraft meiner Gedanken, inneren Bilder und Gefühle. Denke ich Angenehmes, wächst das, denke ich an etwas Unangenehmes, dann wächst das! Damit wird deutlich, welchem tragischen Irrtum wir bisher unterlegen sind. Wenn wir mit großen Lettern Tag für Tag in allen Medien die Handlungen von Menschen anprangern, die unerwünscht sind - uns allen begegnet tagtäglich in großen Schlagzeilen Mord, Krieg, Hunger; Unfall und Tod - dann füttern wir unwissentlich unseren eigenen Computer. Wir lesen diese Horrormeldungen, fühlen mit, unser Computer hält alles für zu sich gesagt und speichert sie ab. Er glaubt, dass wir von Räubern und Mördern umgeben sind und in einer vollkommen unsicheren Welt leben, obwohl das nicht stimmt. Wir leiden mit, wenn ein Flugzeug abgestürzt ist, wir fühlen mit bei einem Autounfall, dabei sitzen wir ganz sicher in unserem eigenen Wohnzimmer. Wir machen die Schicksale von Menschen aus der ganzen Welt zu unseren eigenen. Unser Inneres glaubt alles, was wir ihm über das Außen sagen, es hat keine Augen. So warnt es uns immer häufiger mit Angst und Sorge, und da wir ja meinen, nichts ändern zu können, oft auch mit Wut. Leider druckt der Computer auch das kontinuierlich aus und gibt es in die Umwelt, wie ich an meinem Parkplatzwunsch aufgezeigt habe. Im Sinne einer sich selbst erfüllenden Prophezeiung vermehren wir unwissentlich das, was wir sicherlich nicht vermehren wollten, den Horror!

Ständig und überall klagen wir darüber, wie schlecht die Welt ist. Doch genau dadurch halten wir selbst völlig unbewusst den Mechanismus in Gang, der die schlechte Welt immer wieder erzeugt. Wir haben seit Erfindung der Buchdruckerkunst immer wieder das angeprangert, was wir nicht haben wollen. Wir haben gemeint, dass wir damit die Menschen bessern könnten. Unser Blick wurde auf das Böse, auf Sünde, auf das Schlechte gelenkt. Immer noch zeigen wir millionenfach täglich in allen Medien das auf, was wir sicherlich nicht gestärkt haben wollen. Doch regen wir damit kontinuierlich sehr viele nicht erwünschte, unangenehme Handlungspotenziale an, die ihre Wirkung haben. Nicht jeder Mensch ist in der Lage, diese Potenziale zu kontrollieren. Vor allem Jugendliche und labile Menschen sind in hohem Maße dafür anfällig, diese unerwünschten Aktionspotenziale auch auszuführen, was dann wieder zu neuen Schlagzeilen in den Medien führt. Das ist ein nie endender Kreislauf von Destruktion, den wir aus Unwissenheit selbst erschaffen haben.

Ich sah, dass auch Umweltorganisationen wie Greenpeace zum Beispiel mit ihren Aktionen, wie Schiffsbesetzungen oder der spektakulären Aktion der Brent Spar, nur das ins Bewusstsein bringen, was wir als destruktiv und nicht sinnvoll empfinden. Es wird einerseits zu Recht die Gefahr aufgezeigt, das was wir nicht haben wollen. Doch wie gesagt, unsere Absicht über die Horrormeldungen die Welt zu verbessern, gerät ins Gegenteil. Inzwischen sind wir soweit, dass wir das Unerwünschte, das Böse, das Unglück fast glorifizieren. Wir sind süchtig danach. Wir wissen nicht, dass es millionenfach verstärkt genau wieder das hervorbringt, was wir ganz bestimmt nicht gestärkt haben oder wieder erschaffen wollen. Das, worauf wir unser Interesse richten, das wächst! Es wirkt sich in unserer gesamten Gesellschaft aus. Die Probleme auf der ganzen Welt nehmen zu, und wir sehen uns gezwungen, die Ursachen zu erforschen, den Ursprung in uns selbst zu finden und Gelassenheit zu üben.

Jetzt muss ich noch einmal die Kunst heranziehen, denn immer schon gab es Menschen, die versuchten, uns das aufzuzeigen. Nur versteht man ihre Sprache erst, wenn man weiß, dass die Wirklichkeit ganz anders funktioniert, als wir bisher geglaubt haben. Künstler sind ihrer Zeit oft voraus. So machte der Bildhauer Wolfgang Bier schon dreißig Jahre lang deutlich, dass die Ursachen in uns liegen, dass Gewalt in den Köpfen der Menschen vorbereitet wird als Gedanken und Vorstellungen von Gewalt. Er drückte das künstlerisch aus, indem er Kanonengeschosse in Köpfe einbaute, um den Krieg deutlich zu machen, der sich in vielen Köpfen abspielt. Ihm ging es als sehr feinfühliger Mensch besonders um die alltägliche, subtile Gewalt, die uns oftmals gar nicht so deutlich wird. So zeigt er kränkende Worte auf durch ein Messer, das dem Mund entspringt oder macht deutlich, dass er Äußerungen als tödlich verletzend empfindet, indem er einen Pistolenlauf in einen Mund einschweißt. Auch stellt er ganze Figuren als schneidend dar, was die subtile Gewalt durch verachtende, ablehnende Haltung ausdrückt.

Gleichzeitig macht er den Gegenpol deutlich, die Narben im Leder, die verletzte Haut, die Angst vor Gewalt und das Schutzbedürfnis. So schützen sich Figuren, wie auch die oftmals riesigen Köpfe - einer steht hier in Schwäbisch Hall vor dem Rathaus - mit Helmen vor diesen gewalttätigen Angriffen. Dieser Helm ist jedoch auch mit einer Klinge bewehrt. Die Ambivalenz zwischen beidem wird deutlich, denn die Angst stärkt genau das, wovor man Angst hat, nämlich den Angriff. Sie bedingen einander solange, bis wir entdecken, dass wir sie selbst erschaffen. „Das Innen bestimmt das Außen" mit diesen Worten fasste Wolfgang Bier seine Arbeit zusammen:

Wir sind selten bereit, gewalttätige Gedanken, Angriffsgedanken in unserem eigenen Kopf zu entdecken. Statt unsere tägliche Gewalt gegen uns selbst und andere zu akzeptieren, verdrängen wir sie, und projizieren sie auf andere. Auch ich wollte sie nicht haben. Lange Zeit meines Lebens habe auch ich geglaubt, nur die anderen seien Schuld, die sollten sich ändern. Mir war lange nicht klar, dass ich damit meine Auffassung von richtig und falsch dem anderen überstülpe. Was für mich falsch erschien, konnte für den anderen in seinem Erkenntnisprozess durchaus richtig sein. Solche Angriffe auf andere sind feindselig bis gewalttätig. Wir machen uns das selten bewusst und sehen erst Tätlichkeiten als Gewalt an. Doch es sind diese vielen kleinen feindseligen Gedanken, die sich summieren und der Gewalt immer mehr Kraft geben. Die Energie der Gedanken und vor allem der begleitenden Gefühle von Abwehr, von Unmut, Wut und Hass fließen genau dorthin, wohin wir unsere Aufmerksamkeit richten. Sie erzeugt noch mehr von dem, was wir ablehnen. Die Feindseligkeit und Gewalt wächst weltweit und wird normal. Wir sollten endlich aufwachen und merken, dass es so nicht funktioniert. Es reicht nicht, die Gewalt im Außen aufzuzeigen und zu bekämpfen. Sie muss in unserem eigenen Inneren entdeckt, akzeptiert und durch gute Gefühle harmonisiert werden. Wir als bewusstere und verantwortungsfähigere Menschen sollten jeder für sich endlich diesen Kreislauf durchbrechen und durch konstruktive, harmonische Gedanken und Bilder ablösen, jeder Einzelne für sich selbst, um in der Summe auch das Ganze zu verändern.

Daher fehlt bisher zu den sicher notwendigen Aktionen von Greenpeace und anderen Organisationen noch die Ergänzung, das **innere Greenpeace.** Es sollte Menschen darin schulen, wenigstens bei den täglichen Medienberichten über Horror und Gewalt ruhig und gelassen zu bleiben und unangenehme Gefühle sofort zu harmonisieren. Dann jedoch sollten sie darin unterrichtet werden, ihre Gestaltungskräfte sinnvoll anzuwenden und mit der schöpferischen Kraft das zu erschaffen, was sie sich stattdessen wünschen. Und da sie aus dem religiösen Ghetto herausgeholt werden sollten, sehe ich hier **das Entstehen einer neuen Kunstdisziplin,** die an Institutionen, die mit Erwachsenen zu tun haben, unterrichtet werden könnte im Sinne eines gesellschaftlichen Prozesses:

Die Kunst der bewussten Selbstgestaltung
durch das Setzen neuer Ursachen,
die Schulung hin zum Denken, Vorstellen und Fühlen in Richtung des Erwünschten
mit der Anbindung an die höchste Kraft.

Das Unerwünschte sollte von uns zwar wahrgenommen werden, aber nur als Ausdruck unserer momentan unbewussten Schaffenskraft. Wir alle haben es gemeinschaftlich in Existenz gebracht, und wenn wir uns darüber aufregen, erzeugen wir es neu. Wir sollten lernen, das Unerwünschte so emotionslos wie möglich, ganz ruhig zu betrachten, es nicht zu bewerten oder zu beurteilen und somit keine Energie investieren.

Dann kommt das Wichtigste: Wir müssen uns neu entscheiden. Was wollen wir denn stattdessen? Das ist gar nicht so leicht, da wir mit den negativen Nachrichten und Bildern so vollgestopft sind. Wir wissen viel eher, was wir nicht wollen, als das, was wir wollen. Wir alle sollten das Interesse auf konstruktive Ansätze richten, auf Wünschenswertes, auf Wohltuendes, wie immer es für uns als Einzelnen auch aussehen mag. Auch die Medien sollten damit beginnen, möglichst vielfältig Vorstellungen und Bilder in den Menschen anzuregen, die uns weiterbringen. Wir würden damit einen Strom von Gedankenkraft in eine konstruktive Richtung bündeln, der wirkt wie ein Laserstrahl. Jeder Einzelne könnte mit Begeisterung und Freude seinen Teil dazu beitragen, diese konstruktiven Bilder mit Leben zu füllen. Unsere Zufriedenheit würde dadurch zunehmen, und im Laufe der Zeit würde unser Inneres immer mehr einmünden in innere Harmonie.

Kinder und Jugendliche

Kinder und Jugendliche sollten die männliche Seite der Tatkraft einüben im Sinne von:

Was Du willst, das andere Dir tun sollen, das tue ihnen (auch) zuvor.

Sie füttern dadurch ihren Computer mit Handlungsmöglichkeiten und schulen ihre Beziehungsfähigkeit. Sie können auch schon im Kindergarten lernen, aufbauend zu sprechen und sich insgesamt lebensbejahend auszurichten. Das Vorstellungsvermögen jedoch entwickelt sich erst mit dem Älterwerden, sodass sie erst später lernen können, dass konstruktive Vorstellungen konstruktive Wirklichkeit erzeugt.

Interdisziplinäre Universität

Beuys nannte jeden Erwachsenen einen studierenden, lernenden Menschen, einen Studenten und gründete eine freie, interdisziplinäre Universität. Ich bin mir nicht sicher, ob er hier die neue Kunstdisziplin der Selbstgestaltung unterrichten, Mentoren ausbilden oder fächerübergreifend Menschen zusammenführen wollte, die die Prinzipien der Selbstgestaltung dann in ihre Betriebe mitnehmen. Vielleicht strebte er ein Forum an, das sich mit den zukünftigen, gesellschaftlichen Veränderungen befasst, was wünschenswert wäre.

Ganz kann ich seine Auffassung des ewig Lernenden, des Studenten nicht teilen, denn das lässt vermuten, dass wir etwas lernen müssen. Gehe ich hingegen davon aus, dass im Unsichtbaren schon alles vorhanden ist, dann kann ich schon alles. Ich brauche es nur zu wählen und es in Existenz zu bringen. Das Wissen darum lässt uns zumindest leichter lernen, es wird vielleicht eine Weile dauern, bis wir Zugang zu diesen Ebenen bekommen.

Soziale Plastik

Ich kann hingegen voll zustimmen, wenn Beuys seinen erweiterten Kunstbegriff auf die Gesellschaft überträgt im Sinne einer Plastik, denn wie auch er aussagt, sind es menschliche Kreativität,

**das menschliche Denken,
das Fühlen
und die Willensabsichten,**

die das bestehende System verändern können. Wenn wir alte Verhaltensmuster aufgeben, wird Energie freigesetzt. Jeder Mensch, der sich selbst kennt und ganz locker auch mit den unerwünschten Anteilen in sich umgeht, wird selbstsicher. Er braucht sich nicht mehr hinter einer Maske zu verstecken, richtet sich nicht mehr nach der Meinung anderer, sondern weiß, was er selbst kann und will. Er baut Widerstände und Ängste ab und setzt die in diesen Mustern festgehaltene Energie frei. Diese frei gewordenen Kräfte verbessern nicht nur seine Ausstrahlung, sondern sie stehen auch bereit, um noch schneller und eleganter Wirklichkeiten in Existenz zu bringen. Die Gestaltungskraft wird immer höher und schneller. Je besser sich ein Mensch kennt, desto mehr strahlt er in sein Umfeld aus in die Gemeinschaft. Gestalten viele Menschen ganz bewusst und bringen sich in die größere Ordnung der Familie, der Betriebsgruppe oder des Freundeskreises ein, dann gestalten sie m.E. das, was Beuys als **»soziale Plastik«** bezeichnet.

„Wenn zwei und drei sich in meinem Namen zusammen tun...", macht diesen Vorgang deutlich. Die mentalen Kräfte potenzieren sich. Ich hatte am Beispiel des Firmenchefs aufgezeigt, dass sehr kraftvolle Menschen sogar als Einzelne in der Lage sind, Visionen zu entwickeln, die Zehntausende von Mitarbeitern motivieren, diese Vision zu erfüllen. Das ist Gestaltung im Sinne einer »sozialen Plastik«.

Kulturen erfinden

Beuys und seine „soziale Plastik" regten mich dazu an, mir Gedanken darüber zu machen, wie sich Einstellungen und Überzeugungen insgesamt auswirken. Wir haben durch unser weltumspannendes Informationsnetz Zugang zu anderen Ländern und ihren Kulturen. Alle diese Völker haben unterschiedliche Einstellungen und Glaubensüberzeugungen, die ganz individuelle Handlungsmuster nach sich ziehen. Mir scheint da ein ungeheurer Schatz an Kreativität und Reichtum des Ausdrucks vorhanden zu sein.

Sehr nachdenklich stimmte mich allerdings die Überlegung, dass wir genau durch dieses weltumspannende Informationsnetz erstmalig in der Geschichte der Erde massiv Einfluss nehmen. Selbst im hintersten Winkel wird über Satellit ferngesehen. Doch was gibt es da? Häufig sind es Krieg-, Action-, Gewalt- und Horrorfilme. Das wird für Veränderungen sorgen, deren Folgen wir heute noch nicht absehen können. Wir sollten Verantwortung übernehmen, jedoch nur für uns selbst. Alles beginnt beim Einzelnen. Mir ist sehr wichtig, dass wir als verantwortungsfähige Menschen damit beginnen, unsere weiche, weibliche Seite zu pflegen, den Wärmepol, wie Beuys ihn nennt. Neben dem bewussten Gestalten mit unseren mentalen Kräften, sollten wir uns täglich etwas Zeit nehmen, ganz einfach still zu sein, im Jetzt zu sein. Unser wirkliches Sein ist in dieser intensiven Gegenwärtigkeit des Jetzt, in der Stille. Dort entspringen Kraft und Kreativität für Neues.

In einem weisen Buch fand ich folgende Auffassung, die den Sinn von Gesellschaften darlegt:

**Unsere Aufgabe als Menschen sei es,
Kulturen zu erfinden, sie auszuprobieren
und sie wieder platzen zu lassen.**

Erfinden wir gemeinsam etwas Neues!

Nicht Sprüche sind es, woran es fehlt,
die Bücher sind voll davon.
Woran es fehlt sind Menschen,
die sie anwenden.

Epiktet

Anhang

Sie sind mir auch begegnet, die Menschen, die von einem zum nächsten Seminar hüpfen, immer in der Erwartung, dort den Schlüssel zu finden, mit dem sich die Mühen der Selbstdisziplin ersparen lassen. Eine Weile bin ich dem auch unterlegen, ohne zu merken, dass ich irgendwo einmal beginnen muss – bei mir selbst. Es geht nicht anders. Kein Mensch kann das für dich tun. Nur du weißt, was sich für dich gut anfühlt. Lass den Sprüchen Taten folgen, doch Taten, Übungen des weiblichen Bereichs, des Unsichtbaren. Auf den folgenden Seiten findest du Hilfen dazu. Du solltest dir zu Beginn einfach die heraussuchen, die dich ganz spontan ansprechen und sie einüben.

Vier-Wochen-Karten

Es sind Übungseinheiten für vier Wochen. Wie du vom Autofahren weißt, brauchen wir Übung, bis sich der Vorgang des bewussten Gasgebens, Kuppelns und Schaltens automatisiert und wieder unbewusst wird, sodass du dich heute sogar nebenher unterhalten kannst. So ähnlich funktioniert auch das Einüben von neuen Mustern. Sie müssen ebenso lange bewusst geübt werden, bis sie wieder unbewusst werden und sich als neu erlerntes Muster ganz automatisch auswirken.

Kopiere dir die Seiten mehrfach auf etwas stärkeres Papier oder Karton, eventuell auch vergrößert, und benutze diese Merkzettel als Erinnerungshilfe, wie vorne erwähnt. Platziere sie in der Brieftasche, im Auto, am Computer, an allen Orten, an denen du dich häufig aufhältst, und erschaffe jedes Mal für einen Moment die angenehmen Gefühle.

Sollten dir Gefühle wie Dankbarkeit noch nicht so geläufig sein und du fühlst zu Anfang vielleicht gar nichts, dann sei geduldig. Dein Inneres weiß, wie sich Dankbarkeit anfühlt. Sie ist möglicherweise hinter einem Berg von Groll vergraben. Übe vielleicht erst Vergebung.

Bärbel Mohr macht noch auf etwas aufmerksam, was ich als sehr hilfreich betrachte. Wenn ich zu mir sage: „Ich bin ruhig", und bin es noch gar nicht, dann glaube ich mir ja nicht. Es sieht dann aus wie Selbstbetrug. Sie schlägt daher vor, nur einfach zu sagen „Ruhe". dagegen kann ich ja nichts haben. Ebenso ist es mit Vergebung. Viele wissen nicht, wie sie sich vergeben sollen. Sagen wir hingegen nur das Wort „Vergebung", dann können wir ja nichts dagegen haben. Das Innere weiß, was Vergebung ist und wird die entsprechenden Veränderungen vornehmen. Der Berg von Groll baut sich ab, ohne dass wir konkret damit werden oder gar die Ursachen in der Kindheit herausfinden müssen. Das ist nicht nötig. Sage nur einfach mit dem besten Gefühl, das du erzeugen kannst: „Vergebung". Du wirst dich wundern, was passiert.

Erfolgsliste einüben	**Dankbarkeit** empfinden
Parkplätze kreieren	**Ich bin ok,** **so wie ich bin**
Sich zuhören, **ohne zu werten**	**Angenehme** **Gefühle fühlen**
Die vielen kleinen, **schönen Dinge des** **Lebens wahrnehmen**	**Alles, was ich tue,** **ist in Ordnung** (solange ich es nicht auf Kosten anderer tue)
Konstruktive **Bilder entwickeln**	**Motivation** **überprüfen**
Ziele	**Tagesplan**
Mir selbst vertrauen (dem Selbst, das ich jetzt bin)	**Ich anerkenne** **meinen Wert als** **Teil des Universums**
Konstruktiv **Denken**	**Es ist ok,** **so wie es ist**

Denke, was du tust	„flows" beachten
Was ist, ist! Ja sagen zum jetzigen Moment, als sei er selbst gewählt.	Was baut mich auf, was zieht mich herunter?
Gedanken **aufschreiben** (10-Minuten-Übung)	**Geduld** mit sich selbst und mit anderen
Was du willst, das andere dir tun sollen, das tue ihnen zuvor!	**Widerstand aufgeben**
Stille	**Jetzt** in den Vordergrund stellen
Gelassenheit üben (Alles so lassen, wie es ist)	Angriffsgedanken aufgeben
Vergebung üben (Alles hat eine positive Absicht)	**Zufriedenheit wahrnehmen**

Das wäre Material für fast drei Jahre, wenn du alles nacheinander einüben wolltest. Ich glaube allerdings eher, dass du dir jetzt etwas vornimmst, es einübst und vielleicht noch ein zweites. Meistens kommen dann schon wieder neue Einflüsse und du machst vielleicht eine ganze Weile gar nichts.

Das macht nichts. Dieses Buch sollten wir immer mal wieder zur Hand nehmen, um uns an uns selbst zu erinnern, an Selbstakzeptanz und unsere Selbstliebe. Unser Inneres bestimmt den Rhythmus, wenn wir uns angewöhnen nach innen zu horchen und unsere Gefühle zu beachten.

Sei liebevoll und geduldig mit dir selbst, denn:

Die Ungeduld,
mit der man seinen Zielen zueilt,
ist die Klippe, an der oft gerade
die besten Menschen scheitern.

Friedrich Hölderlin

Glossar

Affirmation
Bestätigung von in kurzen Sätzen formulierten Vorhaben.

Autogenes Training
Eine Entspannungsmethode, die von dem Arzt J. H. Schultz erfunder wurde. Unter diesem Namen laufen heute sehr unterschiedliche Formen von selbst erzeugter Entspannung.

Beobachter
Eine Position der inneren Achtsamkeit, aus der ich mein Denken und mein Fühlen wahrnehmen kann, ohne mich damit zu identifizieren.

Bewusstsein
Entgegen der üblichen Auffassung, unterscheide ich Bewusstsein und Verstand. Bewusstsein, bewusstes Sein heißt für mich, ganz bewusst die Umwelt wahrzunehmen, ganz gegenwärtig zu sein im Körper, in Gedanken und im Gefühl. Der Verstand ist für mich derjenige, der ständig für Unbewusstheit sorgt, indem er uns von der Gegenwärtigkeit in die Zukunft oder in die Vergangenheit abdriften lässt.

Bogen-Schießen:
Im Bogen-Schießen hat sich viel geändert. Früher gab es nur zwei Disziplinen, die beide im Sommer durchgeführt wurden.
Fita (internationale Disziplin): Auf die Entfernung von
für Männer 90-, 70-, 50- und 30-Metern,
für Frauen auf 70-, 60-, 50- und 30- Metern
wurden je 36 Pfeile geschossen, insgesamt 144 Pfeile.
Diese Internationale Disziplin wird heute nur noch auf großen internationalen Turnieren in dieser Form geschossen, einschließlich der Olympiade.

Das Abzugsgewicht des Bogens variiert, mein Bogen hatte damals etwa 15 Kilogramm oder 32 englische Pfund.

Nationale: Auf die Entfernung von 25 Metern wurden bei größeren Meisterschaften zwei Durchgänge von je 30 Pfeilen geschossen. Heute haben sich die Disziplinen erweitert, die Bogen verändert und auch die Meisterschaften werden nach anderen Richtlinien ausgetragen.

Mind Control
Ein von dem Amerikaner José Silva erfundenes Seminar, dass eine ganze Reihe von Methoden vermittelt, die Selbstgestaltung ermöglichen und die Intuition stärken.

Pistolen-Schießen:
Pistolen-Schießen ist für Frauen beschränkt auf Luftpistole und Sportpistole im Kaliber 0.22 inch = 5.6 mm.

Luftpistole: Es werden auf eine Entfernung von 10 Metern 40 Schuss abgegeben.

Sportpistole: Es wird begonnen mit der Präzision, wobei bei größeren Meisterschaften 30 Schuss in Serien zu je 5 Schuss auf eine stehende Scheibe abgegeben werden.

Es schließt sich an die Disziplin Duell, wobei 30 Schuss in sechs Serien von je 5 Schuss auf eine bewegliche Duell-Scheibe geschossen werden. Der die Pistole haltende Arm wird zu Beginn in einer 45^0-Position gehalten. Dreht sich die Scheibe her zum Schützen, muss innerhalb von 3 Sekunden der Arm aus der 45^0-Position hochgeführt und der Schuss abgegeben werden, dann dreht sich die Scheibe für 7 Sekunden weg. In dieser Zeit muss die Pistole in diesem 45^0-Winkel gehalten werden bis zum nächsten Schuss.

Programmierung

Prozess der Beeinflussung. Ich kann mich selbst programmieren oder mich von anderen programmieren lassen, was aber immer mein inneres, oft unbewusstes Einverständnis voraussetzt.

Unbewusste

Bezeichnung für alle psychischen Vorgänge, die von mir nicht bewusst wahrgenommen werden. Dazu gehört für mich auch das unterschwellig, kontinuierlich ablaufende Selbstgespräch, das mich ständig in meinem Verhalten beeinflusst. Ich kann es wahrnehmen, wenn ich diesen Gedankenstrom beobachte.

Visualisierung

Hier bildhaftes Vorstellen eines Vorgangs auf der inneren Vorstellungsebene, dem inneren Bildschirm. Jeder Mensch kann innere Bilder sehen. Er würde sonst sein Auto auf dem Parkplatz nicht wiederfinden. Erinnerung ist an das Sehen dieser inneren Bilder gekoppelt. Die Fähigkeit, sie bewusst einzusetzen, ist aber von Mensch zu Mensch sehr unterschiedlich und kann trainiert werden.

*Die Herrschaft über den Augenblick
ist die Herrschaft über das Leben.*

Marie von Ebner-Eschenbach

Literaturhinweise:

Birkenbihl, V. F., Stroh im Kopf, mvg
Birkenbihl, V. F., Der persönliche Erfolg, mvg
Birkenbihl, V. F., Erfolgstraining, mvg

Capra, F., Das Tao der Phys k, Scherz

Gawain, S., Stell Dir vor, rororo

Gerken, G. u. Luedecke, G.A., Die unsichtbare Kraft
des Managers, Econ (vergriffen)

Kramer, M., Joseph Beuys. Das Kapital
Raum 1970 – 77, Edition Staeck, Heidelberg

Mohl, A., Der Zauberlehrling. Junfermann

Mohl, B., Bestellungen beim Universum, Omega
Mohl, B., Der kosmische Bestellservice, Omega

Ranganathan, V.K., ... and Yue, G.H., Increasing muscle
strength by training the central nervous
system without physical exercise. Society of
Neuroscience meeting, San Diego 2001

Robbins, A., Das Powerprinzip, Heyne
Robbins, A., Das Robbins Powerprinzip, Heyne

Schultz, J.H., Das Autogene Training, Thieme

Silva, J. , Miele, P., Silva Mind Control, Heyne

Watzlawick, P., Die erfundene Wirklichkeit, Piper

Bei allen den unzähligen Autoren, deren Bücher mir in meinem Leben begegnet sind, sowie bei allen Menschen, die zu meiner Entwicklung und zum Entstehen dieses Buches beigetragen haben, möchte ich mich herzlich bedanken, speziell bei Ralph Jordan und Nicholas Raimondo und ganz besonders bei meinem Vorbild und Mentor, dem Energetiker Josef Moser von Mosim.

Ich widme dieses Buch meinen Söhnen, stellvertretend für eine junge Generation, die diesen Wechsel ins neue Jahrtausend bewusst mitgestaltet.

Ursula Windisch
PF 110448
D - 74507 Schwäbisch Hall

E-mail: webmaster@uwindisch.de

www.uwindisch.de